优雅一生的礼仪课

礼仪是得体的行为与正确地行事

礼仪是自内而外流露出的优雅

礼仪是恰到好处的尊重与自信

翻开本书，量身定做礼仪的华服

从此成为最受欢迎的魅力女性

中国纺织出版社

姜秋月 _ 著　吴继珍 _ 绘

内 容 提 要

优雅，是女人应有的一种生活态度，这样的态度源于博爱的胸怀、智慧的灵魂，以及丰盛且强大的内心，它是理性与感性的完美结合，而懂礼识仪恰是女人保持优雅的基础。华夏五千年的文明历史长卷延至今日，给我们留下了丰盛的礼仪文化，这些传统礼仪都值得中华女性去传承与发扬。

在《优雅一生的33堂礼仪课》一书中，作者首次将沙画作为插图创意与时尚相结合，带领女士们走向优雅。让大家学习完整的礼仪课程，从礼仪层面提升女性素养；帮助大家从优秀走向卓越，成为领航时尚的时代女性。

图书在版编目（CIP）数据

优雅一生的33堂礼仪课／姜秋月著；吴继珍绘.—北京：中国纺织出版社，2017.3（2017.6重印）
ISBN 978-7-5180-3132-0

Ⅰ.①优… Ⅱ.①姜… ②吴… Ⅲ.①女性—修养—通俗读物 Ⅳ.①B825-49

中国版本图书馆CIP数据核字（2016）第308087号

策划编辑：郝珊珊　　　　责任印制：储志伟

中国纺织出版社出版发行
地址：北京市朝阳区百子湾东里A407号楼　邮政编码：100124
销售电话：010—67004422　传真：010—87155801
http：//www.c-textilep.com
E-mail：faxing@c-textilep.com
中国纺织出版社天猫旗舰店
官方微博http：//weibo.com/2119887771
北京玺诚印务有限公司印刷　各地新华书店经销
2017年3月第1版　2017年6月第2次印刷
开本：710×1000　1/16　印张：14
字数：118千字　定价：36.80元

PREFACE
序　言

优雅，是女人的一种生活态度

女人在现代生活中扮演着多重角色，女儿、母亲、妻子、职场女性等，不同女性身上所展现出来的美如同这世间的万千景色：可温婉似水，也可如钻石般坚韧；可暖如春风，也可玉洁冰清；一如名响上海滩，不染红尘焦火气的张爱玲；又如一身诗意千寻瀑，万古人间四月天的林徽因……那么，女人的优雅又是什么呢？我想是历经风雨的淡定与从容，是纵横职场与家庭生活的游刃有余，更是身处繁华尘世间的一种生活态度！

优雅的女人是独具情趣的，她会在阳光明媚的午后放一首浪漫的英文曲子，冲一杯咖啡，静静地去品尝生活的味道；或许会从花店里捧回一束花来，欣然地插出俗世间的一抹禅意。优雅的女人更是具有超强学习力的，琴棋书画舞，诗词歌赋茶，无须样样精通，任选其中信手拈来的美，便是对灵魂的涤荡。

优雅，是女人应有的一种生活态度，这样的态度源于博爱的胸怀、智慧的灵魂，以及丰盛且强大的内心，它是理性与感性的完美结合，而懂礼识仪恰是女人保持优雅的基础。

《左传·定公十年》中有这样的记载：“中国有礼仪之大，故称夏；有服章之美，谓之华。”中国，是世界上唯一没有中断历史的国家，五千年的文明历史长卷延至今日，给我们留下了丰盛的礼仪文化，这些传统礼仪都值得中华女性去传承与发扬。

成长于礼仪之邦的东方女子，都具有温婉细腻、坚韧与包容的品质。知书达理的优雅仪态使东方女性的神韵更添魅力，而中华女性的优雅不仅是个人修养与品质的升华，更是民族意识和传统礼仪文化的延续与再生。

此生，不如做一个这样的女子：传中华之风尚，承千年之史韵，将礼仪与时代链接，如花般静静绽放，优雅到老……

2016 年 10 月

CONTENTS
目　录

第 1 堂课
尽显女性端庄优雅：服饰礼仪

优雅得体的服饰能为女人的气质加分。

——Carmen

这是一个 3 分钟的世界，如果你的形象不能在 3 分钟内打动别人，你就需要用 3 年的时间去证明自己的能力。当女性的社会活动逐步走向巅峰，美好的形象与个人魅力成为女性内在品质的体现，也是自我品牌的彰显。在激烈竞争的职场中，女性需要全方位打造自己的形象，服饰礼仪恰是其中很重要的一个部分。

在服饰上，需要根据 TPO 原则来体现你的礼仪修养，即：Time，时间；Place，地点；Occasion，场合。

除 TPO 原则外，服饰礼仪的三项大忌还需要特别注意。

1. 职场女性穿着随意却无技巧，无法突出职业修养。

2. 款式很潮，服饰很时尚，搭配方法却很失败。

3. 盲目跟从潮流，无法展现个性品位与魅力。

服饰礼仪整体原则

★穿戴整洁

衣着的整洁度会影响穿者的仪容，不论在何种场合，都要保持整齐清洁的原则。

★配合个体原则

什么样的环境就要搭配什么风格的服饰，日常工作可以清新为主，简单整齐给人一种亲切感。若参加喜宴不要以黑色为主，白色更忌。若是参加葬礼应以黑、白系为主，也可以全套单色系为主并点缀其他颜色，注意忌红色。

服饰也要注重符合个体的体形、年龄，不要穿与自己体形、年龄不相符的服饰，这样会严重影响自身的美观。

不同的场合选择服饰也要有原则，如参加正式的宴会应着正装出席。如若朋友聚会或郊游，可选择舒适、轻便的运动休闲装。

★色彩技巧

可根据个人的不同需要选择及搭配服饰。服装的不同色调会直接替你表达此刻的情感。例如黑色、灰色表达庄重严肃，红色、粉红表达扩张感，令人轻松活泼。身上服饰的颜色不要超过 3 种，鞋子要选择与身上服饰同色，背包也是一样。当然，如果参加非正式宴会或是某聚会，时尚女王们可以搭配个性与颜色明亮跳跃的背包以引人注目。

★饰物点缀

配饰可以作为服饰色彩的点缀，佩戴时注意不要过多，要根据服饰选择款式并尽量选择同一色系进行搭配，还要分好主次，否则会分散别人的注意力，显得花哨。

不同肤色的完美修饰

★白皙皮肤

拥有白皙皮肤的女士会让人感觉非常靓丽，可以选择黄色系与蓝色系的服装来突出皮肤的特质，这会让你显得更加明艳动人。可以搭配粉色系、橘色系，淡橙红、粉红、柠檬黄、苹果绿、天蓝等明亮色彩也定会给你带来意想不到的效果。

Carmen魅力说：不要选择墨绿、咖啡等深色调，它会让你本来白皙的皮肤看起来黯然失色，显出一副病态。

★偏黑肤色

和大家想的恰恰相反，黑色肌肤在服饰搭配方面没有大的障碍，偏黑肤色反而给人一种健康活泼的感觉，有许多女孩会用助晒油让自己晒得“更黑些”。你不想让肌肤看起来过黑？服装选择只需要避免整体出现强烈的颜色反差，可以选择紫色、红色、森林绿等纯正饱和的色调，这样让人看了既舒服又显得很有气质。

Carmen魅力说：不要选择驼色、红棕色、灰绿色等相对较模糊、浑浊的色调。

★偏黄肤色

肤色偏黄、偏暗、暗黄的女士经常会有服装色彩选择及搭配上的小纠结。可以试一下色彩浓郁、明亮、有光泽感的颜色，白色系绝对不会出错，它们让你看更加干练。粉蓝、粉红、桃红、玫红等颜色可以让你看上去更舒服与柔和。宝蓝色美丽而醒目。米色系在视觉上会有柔和肤色的作用，再搭配一些蓝色配饰，定能提升你的非凡气质。

Carmen魅力说：不要选择紫色系服装，紫色与黄色是互补色，它们搭配在一起会让美女们的皮肤显得更加黄。绿色或灰色调的服饰也尽量不要选择，与紫色一样会起到反作用。

★偏红肤色

这种肌肤比较适合淡浅且明亮、干净的暖色系。脸周围最近的部位最好用浅色系，若没有办法做到，你还可以穿一件浅色系的内衣，将其露出一部分来进行调节，如果有蕾丝带花边的内衣可作为最佳搭配。

Carmen魅力说：不要选择紫色、黑色、藏蓝这样颜色深重的服饰，否则会显得皮肤暗淡无光。

想要服饰凸显你的个性与魅力，多看些时尚杂志，一定能提升你对色彩与搭配的感知度，再遵循优雅Tips礼仪原则去选择，就不难搞定了!

优雅Tips：不同场合服饰的搭配

★去公司

对于《欢乐颂》里的安迪形象，职场女性们都直呼喜欢，要打造职场女性的自信与干练，服饰的重要性不可忽视。简洁挺拔的直线条最能展现职场女性的果敢，职业西装套装、职业裙装，因为经典，所以流传。是不是你也想尝试打破职场小规则?

Michael Kors说过：“衬衫裙的修身外表性感时髦，又易亲近，任何年龄的女人都能轻易驾驭。”

衬衫裙对于每天西裤、衬衫的职场女性来说是打破清规的最好装束。它让你带有书香气质，在传统职业装基础上加入了各种时尚元素，你可尽情选择，不必手软。

搭配方法

传统职业装在颜色上是最经典的黑白配，当然藏蓝色与白色互搭也能相得益彰，你还可以用白色衬衫搭配其他颜色的职业短裙，或是选择白色的职业短裙搭配各种色彩的衬衫，而色彩则需要根据自己的肤色来进行选择。

选择有设计感的衬衫裙，穿着时袖子卷起或拉高可以呈现立体感，带领衬衫裙可以将领子后部立起来，能勾勒出整个脸庞，使你的脖子显得修长，腰间扎上一款别致的腰带足以展现你坚强的意志力。

★参加婚宴

婚宴的服饰总会让女神们眼花缭乱，漫无目标，也许到最后只能随便选上一件。正式宴会服装的穿着其实只要遵循“典雅、不过分暴露”便可以轻松应对。

搭配方法

面料光滑柔美的丝质长裙可以作为首选，配上珍珠等饰品更显高贵大方的气质。中式传统婚宴也可以选择旗袍类的服装，风格以典雅稳重为主，颜色不要抢新娘的风头。

★商务晚会舞会

这样美好的时刻，是你展现自我魅力的最佳时刻，女神们当然要穿得美美哒！各式礼服的选择可以大胆一点，重要的是颜色要适合自己。

搭配方法

身材高挑的女生小拖尾修身长礼服一定会让你闪耀人前，高跟鞋必备，手包只需与服装色彩相配便可。

可爱的女生可以选择复古装扮，黑色花苞小礼服裙佩宽腰带，下摆松散，黑色高跟圆头皮鞋，手包可以选择红色亮皮或是金色亮片款。

★约会

沙滩边？月光下？西餐厅？电影院？女神约会的日子到了，你要穿什么？约会这样的场合不必太过拘谨，服装可以随意一些，如果穿正装，会让约会对象感觉很拘谨。

约会时在着装上你可以看起来比往常更特别一些，这样能让约会对方有新鲜感，有兴趣探索和了解你生活中的的另一面。

搭配方法

如果你是长发女神，在海边戏水游玩，白色长裙最适合不过。牛仔裤、一字领衬衫或是 T 恤也会让你显得迷人又有活力。去就餐或是看电影选择舒适随意的长裙就便可。

★应特别注意的场合

探望患者时，应穿着庄重、严肃，以示对其的尊重。参加葬礼可选黑、白色单系色调的服装，忌红色配饰。

第 2 堂课 巧施粉黛便可婀娜多姿：妆容礼仪

粉黛至则西施以加丽。

——东晋 · 葛洪

葛洪的这句“粉黛至则西施以加丽”大意是：巧施脂粉画眉，越国美女西施会更加美丽。自古还有“女为悦己者容”之说，现代女子的妆容不再仅限于为自己钟情的人，还是对自己及他人的尊重。

巧施粉黛的妆容能让优雅你的更加神采奕奕，这也是时尚女性追求自我细节完美不可或缺的礼仪内容。

化妆的基本原则

妆容礼仪不是简单地化个简妆就草草了事，除了巧妙地运用各种化妆品，还要遵循三大原则，即：When（时间）、Where（场合）、What（事件）。

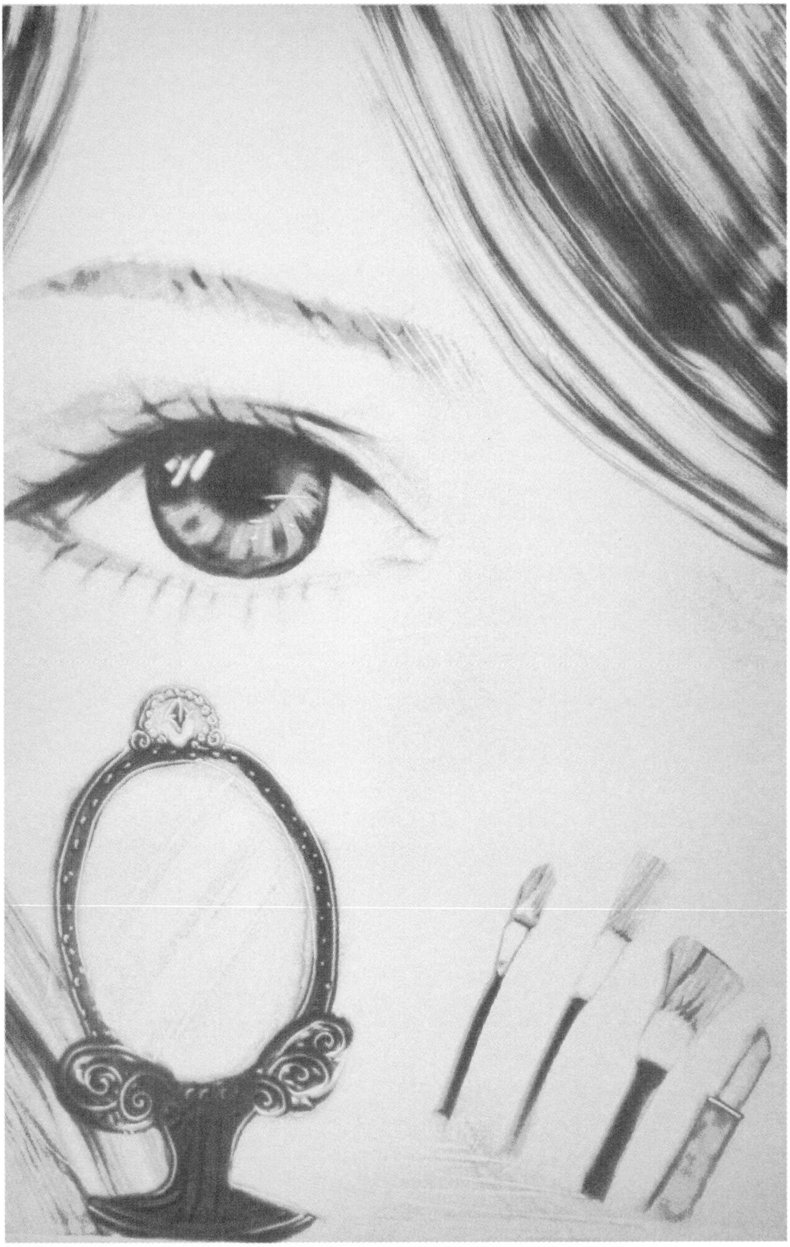

没错，不同的场合所需的妆容也有所不同。根据场合的需求，化适宜的妆，让妆容礼仪为女神们的美好形象做出准确的定位与诠释。

社交场合中，优雅的女性是不会素面朝天就出来参加某些活动的，她们会略施脂粉，以展现出自己的最佳状态。

工作时间里，整体妆容应以清新淡雅为主调，不要过分突出职场女性的性别特征，不宜招摇。

晚宴或晚会上，妆容可以化得较浓一些，唇彩和腮红颜色要与自己的服饰相协调。

外出旅游或运动时，宜化淡妆，浓妆只会让身边的朋友觉得不自在，同时化淡妆也是为了避免脱妆影响整体妆容效果。

参加吊唁或葬礼时，忌化浓妆和抹口红。

注意妆容细节

补妆时，要选对场合，在公共场所拿出化妆包补粉、涂唇膏，这样的行为并不雅观，会让其他人觉得你不懂礼仪。

Carmen魅力说：一些场所有专门的化妆间，或是你可以选择到洗手间补妆。办公室内或其他场合，在异性面前补妆同样不符合优雅女士的礼仪原则。

大多数女性喜欢细心观察他人的妆容，有时会当面对他人妆容进行评价，议论对方的妆容得失。如果不想破坏自己的良好形象或是与他人产生矛盾，那就立刻对自己的这类习惯叫停吧。

Carmen魅力说：不要议论她人的妆容，每个人的审美不同，化妆技巧也不尽相同，不可对他人的妆容品头论足。

你是否有借用他人的化妆品的经历？如果是某些特殊情况，也可以理解，但要选择好想借助的对象。

Carmen魅力说：不要借用他人的化妆品，特别是对陌生女性，这样既不卫生，又会让人觉得很不礼貌！

优雅Tips：各种场合妆容的变化

化妆的宗旨是要随着场合的变化而变化，根据不同的场合需要营造不同的感觉与氛围，如职业妆、约会妆、宴会妆。宴会妆着意塑造高贵雅致的个性，应柔中略显刚，要足够吸引人，还要突出排他性。

有了这些提示，你完全能够依靠自己的色彩，按不同脸形自由地发挥。

★职业妆

职业妆首要的是突出女性的干练与智慧，更具模式化。其特点是简洁不多余，线条可稍硬。妆容主要原则就是自然。别误会！所谓的“自然”，可不是简妆。

自然是要突出职场女性的干练与智慧，借助强有力的眼线体现出成熟与知性。脸部只涂乳妆粉底，它的遮瑕效果远远强于液状粉底，再扑上蜜粉。

腮红可涂淡珊瑚色，可以让你神采飞扬、气场十足。不过选择珊瑚红时要涂抹得自然，不然太浓重的妆容也会让你减分的。如果是见客户，那么，正红色唇膏是最提气场、最能够出范儿的一种选择，要注意，最好不要带有亮粉的，这样看上去会不够严肃，哑光或者略带珠光的即可。

平时在公司里上班的时间，可以选择樱花粉、珊瑚粉、珊瑚橘、豆沙色，这些比较日常、淡雅的颜色看起来也比较舒服。眼妆部分可以选用大地色系的眼影，用棕色眼线笔画上眼线，从眼头开始画至眼尾，在眼尾适当拉长。棕色眼线相较于黑色会让眼睛显得更加自然、柔和。在眼眶周围扫上淡色眼影作为打底，在上眼睑的中间位置，按来回折线的手法涂抹上浅金色眼影，用浅金色眼影在上眼睑褶皱处涂抹，让上眼睑的底色更好，更能衬托之后的整体眼妆。在眼尾上方刷上棕色眼影，向前微微晕染，自然过渡。在眼尾，用棕色眼线笔加粗眼线末端，显得轮廓更深邃。接下来用金色珠光眼影在眼睑中间位置涂抹。将涂抹上的金色眼影晕染，与末端的棕色眼影融合，平滑过渡，提亮眼睛，带上魅惑之感。在下眼睑三分之二的位置刷上棕色眼影，上下呼应，让眼妆更加完整。最后刷上纤长浓密的睫毛膏，让睫毛根根分明，显得俏皮的同时，又使眼睛大而有神。

★约会妆

约会法宝 1

先要把你性感的美肌和火辣的身材完美地秀出来。粉底不要涂得太厚，以免遮蔽皮肤天然的光泽，阻挡你的魅力。太厚的粉底会让你看起来像一面“白墙”，因此，先用隔离将脸打匀，调整肤色，不必用蜜粉定妆或粉饼吸油，只用手掌敷按全脸就好，这样底妆出来会更自然、服帖。

营造一个活跃的气氛，你可以扎一个较蓬松的马尾辫，这样显得性感，更有吸引力，还可以配上恰到好处的烟熏妆与深色指甲油。

想要突出眼睛的大和明亮，就要让眼线与眼影融为一体，不要让人只看见睫毛却看不见眼睛。可以用中性带闪光的眼影，以眉粉取之，会更显妩媚韵味。

腮红不要太深，光泽感是很重要的，白里透红是青春与健康的象征。

可用少量霜状腮红轻点于颧骨上，并用掌根部按压均匀，最后轻扫一层闪粉，使界限消融，让腮红与肤色融为一体。

约会法宝 2

约会时，每个女人都想用完美的自己吸引对方的眼球，明亮灵活的双眸此时便派上用场啦！本款妆法会令你的美目更加动人。

脸部：将银粉膏涂于脸部，轻扑蜜粉。颧骨最高处涂上粉红色腮红，轻轻地画圆。唇膏可选择粉红色，再厚涂透明亮光唇膏，以显得双唇滋润迷人。

眼部：两眉可画得略短些，要以红棕色眉笔勾画。眼影可选择淡蓝色，在双眼皮和下眼角涂绿色眼影。在上眼帘的眼线可选择茶色眼线笔，上下睫毛用黑色睫毛膏。最后，在眼部周围涂上银白眼影加以强调。

★宴会妆

宴会美妆

群芳争艳的场合，制胜秘诀便是画一个突出的眼妆，可显绝代风华。

脸部：先涂底乳，要选择含提亮成分的，再用粉底进行涂抹，最后上银光蜜粉。腮红可选择橘色并沿颧骨斜涂。若想让自己表现得光彩夺目，给人以热情洋溢的感觉，就要选桃红色口红，而且中间涂上含金粉的光泽唇膏。

眼部：先用象牙色眼影在眼皮处大面积打底。上眼皮靠近睫毛的1/2 用浅棕色眼影晕染，眼影刷蘸取深棕色眼影晕染在眼睑上，接着在眼尾晕染出倒钩。用眼影刷蘸取咖啡色眼影晕染在双眼皮上，深浅不同的眼影在眼睛上晕染出层次感。接下来用黑色眼线笔从眼内侧开始沿着睫毛根部画一条眼线，眼尾拉长并微微上扬。在黑色眼线上覆盖一层深棕色眼影，让眼线融入整个眼影中，薄薄的一层眼影还能防止眼线晕染。

下眼睑内侧用棕色眼线笔画一段内眼线，眼尾画一段外眼线并在眼尾三角形区域内晕染开。上下睫毛都刷上睫毛膏，让睫毛显得更加浓密纤长。

晚宴美妆

晚妆适宜在夜晚气氛较隆重高雅的社交场合，要以浓艳的色彩描画五官，适当地夸张一些也没关系，可着重突出深邃迷人的双眼以及饱满性感的双唇。妆面的色彩对比要强烈，搭配也要丰富。

首先在选择粉底上，就可以利用深浅相差 2 个色号的粉底液，做出中间提亮、两边变暗的效果。接下来利用米色遮瑕膏提亮眼下部、T 字部位、下巴。利用带有珠光的蜜粉定妆同时再次提亮眼下部、T 区和下巴位置。利用腮红淡化眼下部提亮区块的边缘线，令提亮区域不是突兀的一块白。找到笑肌顶点和颧骨顶点，从两个点间的中点往笑肌顶点刷，就能打造出甜美感，往颧骨定点刷，就能打造出利落感。由于正式的社交晚宴女性通常穿晚礼服，所以裸露在礼服外的皮肤都要用粉底修饰，使整体肤色一致。

眼影的手法完全可以运用宴会妆的方式进行，眼线可以化得粗些，或者用深色眼影覆盖住现在的眼影。下眼线也需加重，若需要，可以轻轻晕开。为了增加高雅华贵的女性魅力，可以粘贴假睫毛。假睫毛要提前修整好，使其长度适中，过长的假睫毛会使妆面效果失真。在粘贴时要贴紧睫毛根部，再反复涂抹睫毛膏，使真假睫毛融为一体。眉毛形状略高挑且有流畅的弧度，眉色自然，不宜过黑。接下来用眉笔加强眉尾线条感，保持眉头的清淡自然。晚妆眉的描画要鲜艳，线条要清晰。可以再用染眉膏轻刷眉毛，使眉形富有立体的虚实感。

先用腮红刷顺着面颊扫上适量闪粉，再轻轻向颧骨上刷上腮红，腮红色可选择玫红、粉红、珊瑚红，色彩过渡柔和，涂抹面积不宜过大，与肤色自然衔接。唇形可勾勒整齐，轮廓清晰，唇膏色与整体妆色协调。为了适应晚宴的环境及社交的礼仪，可以选择与礼服同色系的口红，涂过口红后用纸巾吸去多余的油分，然后施一层薄粉，再涂一遍唇膏，这样既可保持妆面牢固持久，还以免使唇膏遗留在餐具上，影响形象。

第 3 堂课
闻香识女人：香水礼仪

不擦香水的女人没有未来。

——可可 · 香奈儿

最近，女人圈子里流行着可可 · 香奈儿的这样一段话："一味地标榜内在而忽视外在，也是一种肤浅。女人，应该看起来是优雅的，闻起来是香的，摸起来是滑的。60 岁的时候走在大街上还有人向你吹口哨，那时，你可以抬起你优雅的玉手告诉他，我是你奶奶。"

香水已经为一种礼仪文化产品，每位优雅女士的化妆台上都有至少五款以上不同的香水。而香水的魅力在于，能让你引起周围人的注意，更重要的是它能体现出一个女人的修养与品位。

传说在古埃及时代，公共场合不涂香水会被视为违法，古希腊妇女在宗教仪式上必须洒香水，中国古时候也有香熏、佩戴香囊等传统礼仪。正所谓闻香识女人，香水可以使女人冷艳、妩媚、理智、清新、淡雅……恰当地使用香水，已成为优雅女人应具备的礼仪修养之一。

香水的选择原则

1. 不同年龄应该选择不同款式的香水，选择适合自己的香水，方能彰显个性魅力。

2. 此时你是沉静的还是激情澎湃的？不同的香水，亦能表达不同的心情。

3. 香水和服饰相匹配，必定能为你的美丽加分。

4. 约会对象不同，香水的选择应不同。

5. 场合不同，香水的选择自然不同，这是社交礼仪中重要的一点。

6. 时间和季节也是女人选择香水的重要因素。

7. 购买香水时当然要选择自己喜欢的香型，到柜台测试时，将香水分别涂到左右手的手腕上，闻一闻，等一会儿再做选择。香水的味道一般分前味、中味、后味。随着酒精的挥发，香气会一段一段地挥发出来。

8. 要有一两款经常使用的香水，找到合适自己的香型，经常使用这几款香水，它们会成为你独有的香气，这会让熟悉你的人记住你的味道。

优雅女人的香水之旅

家庭聚会

家庭聚会意味着和亲人拉近关系，和家人一起享受美好时光，如果不想让长辈们“另眼相看”，就要喷洒清新、活泼、低调而优雅的香水。果味香水是不错的选择，柠檬、蜜桃的香气会让你更具亲和力，荔枝、石榴的香气会让你有更多机会显示自己活跃的个性。

Carmen老师推荐：Burberry（巴宝莉红粉恋歌）

和朋友约会

选用何种香水，要看你的约会对象是谁，如果是闺密，那你可能随心情使用喜欢的香水。如果是你钟情的异性或是恋人，就选柑橘水果或是苔类香草为原料的香水吧，它能增加你吸引力，挑动对方的激情。

Carmen老师推荐：Dior（迪奥花漾甜心、粉红魅惑） Chanel（香奈儿Coco小姐）

上班

具有亲和力的香水是首选，推荐使用小雏菊香或是茉莉花香型的香水。

Carmen老师推荐：Marc Jacob（马克·雅可布白色小雏菊香水、粉色小雏菊香水）

公司会议

谨记一点便可：不要用过浓的香水，可以选择淡淡的花草香型，也可以选择表现理智知性的香水。如果你来主持会议或你是老板，可以选择冷艳一些的香水，当然要的就是这个范儿。

Carmen老师推荐：Chanel（香奈儿5号）

宴会

参加宴会喷洒香水的部位要在腰部以下，这是基本的礼貌。香水也应选择清新淡雅型，避免影响食物的味道以及降低食欲。

Carmen老师推荐：VERSACE（范思哲香恋水晶）

年会

这样的场合不妨突破一下自我，每个女人都有一个女王梦，想成为万众瞩目的焦点吗？华丽的晚礼装和配饰，再加上浓艳的香水，可以让你尽情展现熟女魅力，玫瑰或紫罗兰花香就是不错的选择。记住，吸引周围的人就是此时的重点！

Carmen老师推荐：Dier（迪奥真我）

酒吧

酒吧是放松且随意的场所，你选择怎样的香水都不为过，你的装扮自在随性，香水凭个人喜好，总之想怎么样就怎么样。或许你是非常有个性的女人，也可以试着喷洒男性香水，那真的会很特别！

Carmen老师推荐：Gucci （古驰罪爱）

婚礼

参加婚礼总会让人心生欢喜，如果你是扮娘或是宾客，应该选择具有淡淡花香的香水，不要选过浓的香水，这样会有喧宾夺主的感觉。如果自己是新娘子，你的香水可以是清纯的百合，也可以是玫瑰娇艳，新婚前夜先泡一个花瓣浴也是不错的选择。

Carmen老师推荐：Burberry（巴宝莉红粉恋歌）

雨天

潮湿的空气会使香气弥散，淡香水是首选。

户外

运动很容易出汗，一定要选择运动型香水，避免大家对你敬而远之。

Carmen老师推荐：Adidasr （香体走珠）

美梦时间

睡前可以用熏衣草或玫瑰香熏，它们能够改善你的睡眠质量，让你美美地进入梦乡。

旅行路上

相信这是你最开心的时刻，远离尘世的喧嚣，让身体融于万物自然当中。要知道世界上一切最美好的东西都是免费的，阳光、空气、水、拥抱、吻……花香和果木香与此时的情境最搭，一定让你倍感愉悦！

Carmen老师推荐：Hermes（爱马仕尼罗河花园）

不适合喷洒香水的场合

探望患者或是去参加葬礼时，要保持身体气味的洁净，以示庄重，所以不宜喷洒香水。

优雅Tips：正确使用香水

★喷洒香水前准备

喷洒香水前最好先洗澡，体味不可以盖过香水味，要知道香水不是因为有体味才用的。香水可以喷在干净的头发上，如果发上有尘垢会使香水变质。

★出门前20分钟喷洒香水

★香水喷洒的正确位置

脉搏离皮肤比较近的地方是最佳的选择：手腕、耳根、颈侧、膝部、踝部，脉搏的微热有助香水持续地散发。如果在宴会中选择浓艳的香水，不妨喷在锁骨、腰部，气味缓慢散发，香调的变化也会放缓，能使你整个晚上都能保持最佳状态。如果你要前往有阳光的地方，香水便不可喷在阳光会直接照射到的皮肤上。

★香水与服装、配饰

不要在白色的衣服上喷洒香水，那样会使衣服留下污渍。

若佩戴珠宝、金银饰品，要先喷香水再佩戴，这样可以避免首饰褪色和损伤。珍珠饰品尤其容易受香水中的化学成分影响而降低品质。

★适量喷洒，似有若无的感觉是最好的

★一天只喷一种香水

不要混合香水的气味，那样会显得怪怪的。

★香水的持续时间

如果你要参加一个时间比较长的宴会或是聚会，要选择香气持续时间比较久的香水，或者在包包里放小瓶的同款香水，随时补香。

如果出了汗，要把汗水擦干净后再重新喷上香水。

第 4 堂课
风姿绰约只在举手投足之间：仪态礼仪

从仪态了解人的内心世界、把握人的本来面目，往往具有相当的准确性与可靠性。

——达 · 芬奇

说起从仪态去了解一个人，不得不提到法国女人。巴尔扎克这样说过：“巴黎的女性是走路的天才。”没错，法国女人的高雅与傲慢是从骨子里透出来的，举手投足间无不透露着优雅的风度与气质。

女人风姿绰约的姿态恰是与肢体语言息息相关的，不论动态或静态，你的行为、神态、个性等都在表达着内在的情感与此时的精神状态。

挺拔的站姿

标准的站姿要求：挺、直、高。

优美挺拔的站姿会提升女人整体的服饰与造型感觉，更能增强女人

的气场。一个成功的女性形象，气场决定了一切，它比任何言语都更具备说服力。只要我们认真训练、学习，对自我进行约束，也能拥有模特标准的站立姿势。想要高雅优美，其实只要注意以下几点就好了。

1. 头摆正，眼睛平视正前方；下巴微收，与地面呈水平状态；挺胸，收腹，后背挺直。

2. 将肩线与耳线及腰线放在同一垂直平面上，双肩展开，自然地垂放在身体两侧，不要耸肩，指尖触碰大腿两侧。

站姿1：V字形

双脚脚掌分开，脚跟靠拢，呈 V 字形，两脚间呈 30°，两膝并拢，双手相握，轻垂于小腹前，保持自然微笑。

站姿2：丁字形

左脚在前，右脚在后，左脚脚尖指着正 12 点方向，脚跟顶着右脚的脚穴处。右脚尖指着 2 点至 3 点的方向，左脚膝盖放松，将身体的重心放在右脚。双手相握，轻垂于小腹前。站累时，脚可向后撤半步，上身要保持垂直，将身体重心放在两腿正中，或者换脚用同样的姿势站立，保持自然微笑。

Carmen魅力说：站姿训练是为了调节身体控制能力，可以选择背墙站立，脚跟、小腿、臀部、双肩与头部均靠着墙壁，保持同一姿势15分钟；双脚夹纸，保持纸张不松不掉，这样可以训练腿部的控制力；头上顶一本或几本书，努力保持平衡，这样可以训练头部的控制力。

优雅的坐姿

坐姿同样是一种静态造型。优雅的坐姿能给人以稳重大方的美感。

正确的坐姿是，上身保持端正，让你的小腿部分看起来显得修长。古人云“坐如钟”，重要的还是要坚持和提高自我肢体的感知意识。《礼记·曲礼上》中的“坐毋箕”，说的是不可以伸开腿去坐，这样不合乎礼节。

入座

入座时，轻轻走到座位前，右脚向后撤半步，上身保持正直轻稳地坐下。着裙装的女士，入座时将裙子的下摆轻抚收拢，然后再落座，更显得娴静端庄。

坐姿

正脚位坐姿：坐满椅子的2/3，腰背挺直，肩放松。眼睛平视前方，两膝并拢，大腿大致平行，小腿垂直于地面，大小腿约呈90°，脚平放在地面上，双手相握轻放在一侧大腿上。若椅子有扶手，双手可轻搭在扶手上。

侧脚位坐姿：身体和腿轻转向一侧，将膝盖与脚尖的距离尽量拉远，脚斜伸出去时，脚背部要用力挺直，让视觉上产生延伸效果，小腿部分看起来会显得更长，可使脚部的线条更优美。

交叠式坐姿：在基本坐姿的基础上，两腿相叠，双脚的脚尖一定要朝同一个方向，上脚的脚尖尽量贴着下脚的脚踝处，双手相握轻放在一侧大腿上。如果你将双腿交叠而坐时，觉得上腿搭起来很吃力，这说明你肉肉超标，马上开始运动，将它们处理掉！

坐在椅子上，上体应自然挺直，背部成一平面，身体重心垂直向下。背后有依靠时，不可随意把头向后倾，以免显得懒散。

坐姿要领

表情流露要自然，要显得精神饱满，目光平视前方或交谈对象，身体重心垂直向下，谈话时可稍向前倾，以示对谈话方的尊重。

离座

起立，右脚向后收半步，起身后，右脚再向前一步或是向左侧退出。

下车

如果打开车门就把头伸出去，真的感觉像是被司机扔出去的一样。怎么做才优雅？打开车门后，先将脚以 45°伸出车门外，踏稳地面后再将身体的重心移出去，这样既优雅又会给人以无限遐想……

曼妙的步伐

喜欢 T 台上模特儿的走秀吗？那样标准的走姿可是经过长时间训练的成果。在日常生活中，我们的走姿虽然不需要像模特儿那样夸张和职业化，但也要走出个性优雅的仪态来。要想具有魅力走姿可不是纸上谈兵就可以的，真的要对自己“狠”一点才行。

起步的姿势是最关键的，如果起步不正确，走起路来就会很难看，要注意：

1. 和站立的姿势要点相同：平视、挺胸、收腹、肩放松。脚跟部要合拢，脚尖张开约 45°。

2. 练习行走时，地面画一条直线，让脚跟走在直线上，脚尖永远是向外的，就像小猫在轻轻地踱步，迈着优雅的步伐。

3. 行走时，膝盖的内侧和脚踝骨的内侧会略有摩擦感，如果没有就说明你可能呈现出内八字或外八字的不雅观的走路姿势。

4. 手的摆动带动整个上身，让脚步平衡，当右脚跨出时，整个上身随左手前摆而向右边的方向转动；当左脚跨出时，上身便转身左边，右手摆向前方，这些动作连贯起来让人觉得自然随意。如果上身不动，看起来会很僵硬，失去美感。

5. 穿高跟鞋走路时，脚底板平一点伸出去，脚尖先着地，就像在跳芭蕾的姿态，会让脚步轻盈又优雅。

行走时，步伐的大小要适中，保持自然稳健，节奏和着地的重力要一致。在多人一同行走时，不要排成一横队，更不可以勾肩搭背。如果遇到了紧急事件可加快脚步，但不要慌张奔跑。

得体的蹲姿

蹲下拾物时，左脚在前右脚靠后。左脚完全着地时右脚脚跟提起，右膝低于左膝，右腿左侧靠于左腿右侧，形成一个左膝高、右膝低的姿势。臀部向下，微倾前身，靠左腿支撑身体，并紧双腿。

蹲下捡东西时，要用侧面对着人较多的一边。双腿和膝盖并在一起，左手轻挡在胸前防止走光，右手向下抚裙摆，拾起物品，双手奉还。

优雅Tips：行走训练

★保持基本的站姿

在距小腹两拳左右处确定一点，将两手半握拳状，斜前方均向这两点摆动。还可做展膝运动，站立姿势，左脚跟抬起，脚尖不离地，左脚跟落下时，右脚跟抬起，两脚交替进行，提起的腿屈膝，另一腿膝部内侧绷直，注意要用力。

★行走训练

为了更好地保持平衡，可在头上放一本书行走，不要让它掉下来，这个训练可以让背脊、脖子竖起，保证行走时上半身平衡不摇晃。

不要忘记，走起路来要有像皇后、公主那样高雅的姿态，你的背脊骨一定要挺直！

第5堂课
心融万物则声婉似水：声音礼仪

声音是女人裸露的灵魂。

——Carmen

古希腊有位伽林医生说过：“声音可以反映出一个人的灵魂。”我们经常会有这样的经历，相同的一句话，从不同的女人口中说出，效果大不一样。因为她们说话的声音、语调等不同，表达出的情感也自然不一样。从容不迫的音调，不温不火的谈话，带给人的就是信任感；而那种尖嗓快语，则很容易让人感觉轻浮，产生不可靠之感。

声音如同女人的第二张名片，音色柔美动听的声音最是受他人的喜爱。而在社交场合中，有魅力的声音，可以帮助你建立优良的人际关系，为你事业的成功创造更多的机遇。声音是女人所富有的天然乐器，更是穿越男性灵魂的旋律，美与不美要靠自己去把握与驾驭！

巧妙的说话方式

就算是说同一件事情，如果选择用粗鲁的言辞、激烈的语气，呈现给听者的声音必定会是凶神恶煞般夸张而滑稽的，会让人觉得丑陋无比，以至于被对方轻视，根本就不会把你说的内容放在心上。相反，使用温柔的言辞又自然地浮现出微笑，体态也显得极为柔和，便会给对方留下好印象。

想拥有高超的谈话技巧和独具个人魅力的声音，一定要做到这三点：掌握舒缓的节奏；运用柔和的语气；亲切友好地说话。

Carmen魅力说：舒缓的对话节奏、文雅的词语选择，都能制造出和谐的交流氛围，让对方愿意与你进行更深一步的沟通。用诚恳的态度才能取得对方的信任，有爱心，懂得站在别人的立场去想问题，这样说出的话才是最贴切、合宜的！

唯美音量的控制

音调、音量与语速是说话的三大要素，根据场合控制好这三要素，你的说话技巧定会有所提高。

在美国，女孩子从小就很有自我主张，并且拥有自己的社交圈。如何把自己的主张带进社交圈内，去说服其他人，是需要不断努力学习的功课，这也正是她们更善于运用自己声音的原因。

太高的音调像疲劳轰炸，显得幼稚或是歇斯底里，这可是职场上的大忌。相反，嗡嗡作响的低声或是含在口中嗫嚅的发声，都使听者精神紧张，以致失去耐性，感觉疲乏。混合高低声音，在强调的部分转换音调，是把控声音的一项技巧。

人发出音量的大小多少具有先天性，西方人的音量相对于东方人大得多。不过他们一般都会应 TPO（时间、地点、场合）的不同而调整，很少让人感到吵闹。发声的技巧源于喉咙的深部，从这里发声，即使增加音量也不会让人觉得刺耳。

正常谈话时，一定的音量加上适度的音调，只要能把话说清楚便可以。

声音可以随着嘴形而发生改变，想要有好的声音，还需要多加练习，控制好嘴形。

温柔语速的调整

有快有慢的说话速度，会制造情境上的高低起伏，引人入胜。说话语速一成不变，会让对方感觉太过沉闷而失去说服力。

语速适中，声音柔和，配合好手势和面部表情，这样才能够赢得听者的共鸣。如果你要称赞闺密新买的裙子，笑着轻轻拍她一下肩膀，并小声地说："真是太适合你了！"相信传达的效果会很不错的。

优雅Tips：温婉、甜美声音的炼就

如同身体塑形一样，女人的声音经过训练也是可以改变的。女性要使自己的声音有魅力和吸引力，就要"包装"好自己的声音。

★录音修正法

可以把自己说话的声音录下来，反复听，看看每次说话的声音是否有差别，检验自己的音质与语调。

要修正多年的说话习惯，除了毅力，还需要方法。你一定有较欣赏的新闻播音员、电台主持人或一些明星，或者身边你喜欢的朋友也可以，参考她们的声音和说话方式，作为练习的蓝本，再把自己的声音录下来进行反复对比。还可以对着镜子练习说话的表情，直到塑造出美的感受来。

★控制音调的高低变化

在与人讲话时不要始终保持单一的音调，要学会适当地变化，注意以下几点。

音调：要给人良好的印象，建立通畅的沟通通道，稍显低沉而有深度的声音是最有利的。咬字清楚，必要时可稍微提高一下声调，加强重点。想有沉稳的声音，就要像唱歌一样，利用腹式呼吸来发音，不但可以多吸一些气，发出更响亮的声音，且吐气时，还可利用腹肌控制，慢慢地使用，喉咙不必因发声而变得紧张，不然说话多了你的喉咙就会变得沙哑、疼痛。

音量：你要掌握一个基本道理，就是只有一个同伴的时候，可以用普通音量；有两个人的时候，应该将音量减少一半；3人以上，就要自动将音量调整为原来的1/3。

★口齿清楚

不要有太多尾音，每个音节之间都要有恰当的停顿。

★放慢说话速度

应追求一种有快有慢的音乐感。可以经常一面看镜子一面用“微笑”的表情来发音，控制气息，吸气如闻鲜花的香气，呼气像吹灰尘一样，练习让腹部自然地发音。读一些自己喜欢的小文章，练到咬字正确、平顺、清晰的程度，速度也就慢慢地可以控制住了。

第 6 堂课
中华礼仪文化：中餐礼仪

长幼有序，则事业捷成而有所休。

——《荀子 · 君子篇》

中国餐饮礼仪应该说是源远流长的，在周代时，饮食礼仪便已有了整套的完善制度。如今在餐桌上，我们仍重视礼节、礼貌的传统餐饮礼仪。

不同地域及不同场合，用餐的习惯并不相同，如今人们的交际圈子不断扩大，我们会面对各种各样的聚会，了解我国的传统用餐习俗，学会中式餐桌礼仪，方能让你自然、娴熟地与人交往，不至于手忙脚乱，给人留下不好的印象。

传统席位礼仪

在中餐礼仪中，排列圆桌的尊卑次序有以下两种情况。

第一种：小型宴请，两桌。通常分为两桌横排和两桌竖排的形式。

两桌横排时，以面对正门的位置来确定左右，桌次以左为尊，以右为卑。两桌竖排，以距离正门的远近来分，桌次以远为上，以近为下。

第二种：是三桌以上的宴请，在安排多桌宴请的桌次时，同样要注意“面门定位”“以左为尊”“以远为上”等规则，同时还要注意其他各桌距离主桌的远近。距离主桌越近，桌次越高；距离主桌越远、桌次越低。

餐桌的大小、形状要基本一致，主桌餐桌可略大，其他餐桌都不要过大或过小。

如果宴请由你来主办，为了使赴宴者准确地找到自己的桌次，可以在请柬上注明对方所在的桌次，再在宴会厅入口悬挂宴会桌次排列示意图或安排引位员引导来宾按桌就座，也可以在每张餐桌上摆放姓名卡或桌次牌。在大型正式宴会中，姓名卡下方需标注英文，桌次牌可用阿拉伯数字标示。

位次排列

中国传统讲究长幼有序，同样，每张餐桌上具体位次也有主次尊卑的分别，来注意以下四点。

1. 主人大都应面对正门而坐，并在主桌就座。

2. 举行多桌宴请时，每桌都要有一位主桌主人的代表在座。位置通常与主人同向，也可以安排面向主桌主人。

3. 视各桌位次的尊卑，根据距离该桌主人的远近而定，以近为上，以远为下。

4. 各桌以主面向为准，以右为尊，以左为卑。

如果主人与夫人同席，以男主人为第一主人，女主人为第二主人，主宾和主宾夫人分别在男女主人右侧就座。有时主宾身份可能高于主人，为表示尊重，会把主宾安排在主人的位子上，主人则坐在主宾的位子上。

吃便餐时，也会涉及位子排列的问题，需要遵循以下四个原则。

1. 右高左低原则：两人并排就座，以右为上，以左为下。因中餐上菜时多以顺时针方向为上菜方向，居右坐的会优先受到照顾。

2. 中座为尊原则：三人一同就座用餐，坐在中间的人在位次上高于两侧的人。

3. 面门为上原则：用餐的时候，按照礼仪惯例，面对正门者是上座，背对正门者是下座。

4. 特殊原则：如餐厅内有优美的景致或高雅的演出时，观赏角度最好的座位是上座。还有些中低档餐厅，通常以靠墙的位置为上座，靠过道的位置为下座。

礼貌入席

1. 应邀赴宴时尽量不要带太多的物品，特别是去过商场大血拼后带着大大小小的包包去赴宴，这可是很不礼貌的。

2. 按照约好的时间到达是对他人的尊重，若是有事情耽搁了或将要迟到，应先与对方或管理人员联系并告之事由，说明情况，以示对此次用餐的重视。

3. 落座时，可以请男士帮忙拉开椅子，若自己拉开时千万不要让椅子与地板发出太大的声响。坐下时应直立身体，不要紧靠椅背，双目正视前方，切莫低头逃避他人的视线。可以将手腕自然地放在桌子的边缘，不要将双手的手肘放在桌子上，更不要随意摆弄餐巾或用具，这样会给人以迫不及待的感觉。双腿不要向前伸，尽量平放在本人的座位下，避免腿部有动作碰触到他人而造成尴尬的局面，双手可以向前自然放在腿上。

Carmen 魅力说：中餐注重优雅得体的女性礼仪，保持你原有的女性魅力，用自然唯美的感观去享受生活。

传承筷子礼仪

中餐的主要工具便是筷子，在中国几千年的饮食文化中，它已成为餐桌最基本的规则与礼仪，所以筷子的应用是关键所在。

1. 筷子的正确使用：要掌握标准的握筷姿势，过高或过低都是不规范的，也不要变换指法来握筷子。

2. 用筷子也有禁忌：如果我们是在等待用餐，这时不可以用筷子敲打桌边、碗盏或杯子。在用筷子夹菜时，不可以在菜肴里来回翻挑与搅拌，更不要用筷子穿刺菜肴。若遇到他人也来夹菜，要注意避让，不要让筷子“打架”。不要将筷子含在嘴里或是把筷子当作牙签来使用，这是非常不雅观的。在与人交谈的过程中，不要把筷子当作道具，对人指指点点，这样很不礼貌。用餐结束，要将筷子整齐放靠碗的右边桌面上，等大家都放下筷子时再一同离席。

优雅Tips：文雅的中餐礼仪

★正式的场合

主要人员会先致祝酒词。这时要停止谈话，更不要吃东西，认真地倾听，以示对他人的尊重，致辞完毕后再一同进餐。

★妆容处理

如果赴宴时你化了妆，要以餐巾一角轻印嘴唇，这样可以避免唇膏的痕迹留在筷子上或者杯沿上。即使没有化太浓的妆，在喝酒水时也要尽量让嘴唇接触杯沿的同一个地方。

★注意细节

1. 若需要调味料但伸手又取不到，可请同桌的人递给你，千万不要突然站起来俯身去取。

2. 若遇到自己不爱吃或者不想吃的菜品，当服务员或主人夹菜时，不可打手势，不可拒绝，你可以取少量放于盘中，同时要表示：“谢谢，这些够了！”对于一些不合自己口味的菜，不要表现出难堪的表情。

3. 如果想给宾客让菜，要用公用的餐具，切不可用自己用过的餐具给他人让菜，这样既不卫生又不礼貌，也是对他人的不尊重。

4. 喝汤时身子要坐直，把汤匙送到嘴边。要小心太热的汤烫到自己，每勺盛的汤不要太满，更重要的是喝汤时不能发出声音。喝到最后，可把碗稍向外倾斜，方便盛出最后的一勺汤，不过不能让勺摩擦汤碗的声音传出来。

5. 就餐时，如果口中有食物就不要说话，如果正在咀嚼的时候有人和你交谈，要把嘴里的东西咽下去后再回答他。也不要含着食物喝水，因为用水将食物冲下是不礼貌的。

6. 整个用餐的过程中都要特别小心，不要弄洒了桌上的汤或菜，也尽量别让筷子、勺子掉在地上。如果嘴角、脸上、衣服上沾上了污渍，要用餐巾轻轻擦拭，用过的餐巾要折叠平整，并且把用脏的那一面折在内侧，不要把用过的餐巾或纸巾摆在餐桌醒目的位置。

7. 吃条状的面食，最方便的方式是用筷子，但动作要轻，防止面条甩出的汤汁溅到别人身上。

8. 用餐期如果要饮酒，无论你的酒量多么好，都不能放任自己在餐桌上痛饮。用饮酒来衡量感情的深浅是男人的事，女士可以在保证自己理智、清醒的前提下少饮一点酒，如果被人热情地劝酒，可以在就餐前特别诚恳地向同桌人说明自己不胜酒力，并致以歉意，也可以主动以茶代酒。

第 7 堂课
品味西方礼仪格调：西餐礼仪

从来没有一个例子能证明好话能安慰饥饿的胃。

——茨威格

西餐能给人以优雅与浪漫的感觉，忙碌了一天，伴着舒缓的音乐用餐，这的确是一种享受。随着西餐走进中国，西餐礼仪也越来越受到人们的重视。

西方人秉承的礼仪文化理念与我国不同，西餐所倡导的风俗礼仪也与华夏文明迥异。即使是经常接触西餐的中国人，也会有许多习惯一时难以适应。当然，女士们如果在吃西餐的时候能够从容优雅，不把刀叉当作负担，像用筷子一样运用自如，举手投足间流露出些许贵族气质，那才是中国女性吃西餐的最高功力。

西餐用具

西餐通常使用餐巾布，餐巾布方正平整、色彩素雅。餐巾布可以用来擦嘴和手，餐具则是不能用餐巾布来擦的。不用的时候要折叠平整，污渍应全部折在里面，外表看上去应该一直是整洁的。

刀叉的用法：右手持刀或汤匙，左手拿叉；如果有两把以上，就由最外面的一把依次向内取用；先轻握后半部，食指按在柄上。汤匙可用握笔的方式来拿。

刀是用来切割食物的，西餐用的刀会因功能的不同在外形上略有差异：带小锯齿的刀是用来切肉制食品的；中等大小的用来切蔬菜；而那种小巧的、顶部有些上翘的则是用来切面包的，然后用它挑果酱或奶油涂在面包上的。

叉的作用是把食物叉起来送进嘴里。叉子送食物入口时，牙齿应该只碰到食物，不要咬住叉子，也不要让刀叉碰撞在牙齿上发出声响。

刀叉摆放的方向和位置都有讲究。用餐过程中如果要暂时离席，要把刀叉呈八字形摆放在桌上。如果用餐结束，就要把刀叉平行摆放在垫盘上，让刀口向外，叉尖向上。

吃面包时要一只手拿面包，用另一只手撕下一小块放入口里，不要像日常在家里充饥那样拿着整个面包咬。

坐姿要优美

用餐时，身体要坐直，腹部与桌子保持一个拳头的距离，不要两脚交叉地坐。不要将手肘放在桌子上，这样会显得你的双手是多余的，且不懂礼仪。不要低着头，更不要用膝盖顶住桌子，一定要避免将身子瘫在椅子上。

用餐的讲究

吃西餐时讲究六个 M，即菜单（menu）、音乐（music）、气氛（mood）、会面（meeting）、礼仪（manner）、食物（meal）。在这六个 M 中，西餐的菜单制作非常讲究，做工和用料都会优中选优。拿到这样的菜单在手，自然会有一种座上宾的感觉，不过不要被这样高雅的菜单吓到，要对得起自己的胃，点适合自己胃口的食物。如果对菜单中的某项食品有疑问，可以向服务生询问。

吃西餐的时候，和你会面的人应该是亲近的朋友，也就是趣味相投的人，所以，西餐厅里会有一种温和的氛围，方便宾主之间联络感情。如不是特殊原因，尽量不要在吃西餐的时候谈生意，也不要在柔和的烛光下为某事和对方争得面红耳赤。

礼仪也就是吃态，是用惯了筷子的中国人较难把握的一项。吃西餐时要遵循西方习俗，在手拿刀叉时，不要手舞足蹈，也不要在嚼着食物时高谈阔论。西餐注重营养的搭配，在吃西餐时也要充分注重西餐的味觉享受。一般情况下，西餐的食物量没有中餐那么大，在吃西餐的时候要细嚼慢咽，切莫狼吞虎咽。

吃西餐的规矩看似很多，不过只要在互相尊重的心态指引下，不做太出格的事情就好。其实安静、整洁、温和这些基本礼仪在中餐和西餐的宴会上同样适用。

正餐的选择

餐前是开胃菜。西餐的头盆，一般是蔬菜、水果、海鲜等的拼盘。

然后是面包，一般是切片面包，有的也用刚烤好的小面包。

汤：西餐中的汤与中餐不同，它会放在前面，大致可将汤分为清汤、奶油汤、蔬菜汤与冷汤。

副菜：西餐的第三道菜，也就是所谓的副菜，一般会使用鱼类。包括各种淡水、海水鱼类，贝类和软体动物类。

主菜：它是西餐的第四道菜，主要以肉、禽类菜肴为主，原料一般取自牛、羊、猪、小牛仔等的肉，最具代表性的当然是牛肉及牛排啦！禽类菜肴一般原料是鸡、鸭、鹅，兔、鹿等的野味也会作为禽类的菜肴。蔬菜类会在肉类之后，有时也会与肉类菜肴一同上桌，所以也算是一种配菜。

牛排的选择：

一分熟牛排（rare）：牛排内部为血红色且内部各处保持一定温度。

三分熟牛排（medium rare）：内部为桃红且带有相当热度。

五分熟牛排（medium）：牛排内部为粉红且夹杂着浅灰和棕褐色，整个牛排都很烫。

七分熟牛排（medium well）：牛排内部主要为浅灰棕褐色，夹杂着粉红色。

全熟牛排（well done）：呈深咖啡色，结实而口感略为粗糙。

Carmen魅力说：中国人吃牛排通常是以七分熟和全熟为主，可以根据平时的饮食习惯选择你的美味。遇到不好吃或不喜欢吃的食物时，可用餐巾盖住嘴，吐到餐巾上，再让服务生换一条新的餐巾。

点心：主菜之后，便会上一些蛋糕、饼干或三明治等点心，给没有吃饱的人。

甜品：有很多种，比如布丁、冰激凌等。

果品：可有一些核桃、榛子、杏仁、草莓、苹果等干鲜果品。

热饮：一般是较为正规的红茶或者是单一的黑咖啡。

Carmen魅力说：点餐时不必全都点，如果吃不完会更显得失礼。一般餐厅都不欢迎只点前菜的人，所以前菜、主菜加甜点才是最恰当的组合。选择一样最想吃的主菜，再配上适合主菜的汤。

优雅Tips：西餐的禁忌

有一些行为在吃西餐时一定不要去做！

1. 女士优先是西方很多国家奉行的行为准则，所以在吃西餐的时候，诸如开门、拉开椅子这样的动作是男士的专属。

2. 女士要穿套装和高跟鞋。如果是很严肃的场合，可选择较庄重的服饰配合。

3. 点酒时不要硬装内行。在西餐厅里，会有专业的调酒师拿酒单来，对酒不大了解的人，最好告诉调酒师已选的菜、预算、喜爱的酒类口味，请调酒师帮忙挑选。

4. 在进餐的过程中不要摆弄衣物，这样显得态度不专一。

5. 坐在餐桌边化妆。化妆可以在卫生间进行，如果不想让人在黄油与你的唇彩之间产生联想，就不要让那些化妆品出现在食物旁边。

6. 用餐巾擦鼻涕。就算有严重的感冒也不可以，就算痛哭流涕也不可以。

7. 用手拿着鸡腿吃。吃鸡腿时应先用力将骨头去掉，不要用手拿着吃，这样真的有失大雅。

8. 大口喝酒。喝酒时绝对不能大口喝或吸着喝，而应倾斜酒杯，像是将酒放在舌头上似的喝。如果你一饮而尽，或者边喝边透过酒杯看人，都是失礼的行为。

第 8 堂课
浪漫名媛从一杯酒开始：品酒礼仪

红酒是女人一生的情人。

——Carmen

红酒是一种非常神奇的饮品，它经历了岁月的沧桑，蕴含着自然的神奇，散发着迷人的果香。轻轻晃动一只高脚杯，琥珀色的红酒在杯中摇曳，好像在那一瞬间，世界上多少人都会被她的温柔与妩媚所吸引。

红酒是女人一生的情人，它让女人享受了浪漫和温馨，得到了无限的宠爱和呵护。人们常说喝红酒的女人更美丽，这不仅是风雅的文辞，更是举手投足间的仪态之美。

品酒前注意事项

★适宜的酒杯

根据不同的设计，酒杯的形状是缤纷多姿的，而不同的葡萄酒当然

RED WINE

要选择适合它的酒杯来品鉴，这才是专业懂酒人的最佳选择。酒杯的形状不同，功能也有不同的分类，不同的场合与不同的酒类要选择不同的酒杯来搭配。

酒杯的选择是葡萄酒品尝最重要的一个环节，同一瓶葡萄酒，倒入不同形状的杯中，它所发出的香味也有所不同，它会随着杯形产生不同的风格表现。杯口的厚度、宽度，杯的直径与杯体长度都会对葡萄酒的风味产生影响。

宽身窄口型：它能将酒的味道凝聚于杯口，让酒表现出奔放的酒香。

窄身窄口型：能聚集酒香，不特别外放，能够表现出更多细微的变化。

杯身矮、杯肚宽、杯口较大型：可以将鼻子放进去一嗅红酒的馨香。

★光源与背景

品酒前，首先要确认酒杯是否适宜，灯光照明也要合理，不要有白色的背景物做反衬，合理的照明可以让葡萄酒的色泽更清楚。

越是浓厚的酒，酒缘越窄，越是清淡的或老的酒，酒缘便会越宽，特别是红酒最明显。

★温度

品酒时最重要的条件是理想的温度，而温度的控制却是错综复杂的。因葡萄酒在酒杯里会逐渐地升温，最好将葡萄酒放置在冷却器里进行保温，不要暴露于温热的地方，防止酒的口味改变。

若酒的种类很多，品酒的空间又比较狭小，有时还会有香水或烟味，这让人感觉很不舒服。虽然在一段时间内会慢慢适应这些气味，但这种行为在某种程度上也是对他人的不尊重和侵犯。

各具特色的品酒方式

品酒和喝酒有很大的区别，喝酒仅仅是将酒灌进胃里，而品酒则要调动一切感官，从酒的色泽、香味、余味等多方面进行考量、鉴赏、品味。通常品鉴红酒分为三步。

★观色

看酒的颜色、光泽、清澈程度。将酒倒在高脚杯中，手握杯柄或托住杯底，倾斜 45°，在杯下垫张白纸，借助自然光仔细观察酒的颜色。同时，观察酒中心呈鸭蛋圆形部分的颜色，注意反光的情况，边缘部分有个向下的月牙状部分，称作边缘，从中能够找到一些关于酒的年龄、陈酿情况、酒精度数的线索。那个近乎无色透明的弯边因为酒精挥发导致表面张力改变，越高就说明酒精度数越高。

葡萄酒的颜色应该是清澈、有光泽的，不应该是混浊不清的，凭借葡萄酒色泽深浅的差异，可判断出这瓶葡萄酒的成熟度。最好在阳光下，而且尽可能在白色的背景前观察酒的颜色，通常红葡萄酒越老颜色越浅，越年轻颜色越深。

白葡萄酒“杯裙”的色泽是透明度非常强的深金黄色。许多白葡萄酒开始是淡黄色，随着时间的增加颜色也会越来越深。通常，凉爽地区的酒色泽浅淡，“杯裙”为金黄色则是高温区的酒。在橡木桶内熟化过的酒，其“杯裙”的颜色较深。非常年轻的酒时常泛出一种青绿色，年长的或者是氧化了的酒呈现为棕色。

红酒“杯裙”的色泽较复杂，从玫瑰红经过棕色和橘黄色到蓝紫色，这大部分取决于使用的葡萄品种，但也会受生产年代和地域的影响。与白葡萄酒相比，红酒越熟化越清澈，倾斜杯子观察酒的边缘：或深或浅，都表明了酒的年龄。深红色的酒说明产地的气温较高。

葡萄酒的黏度：当转动玻璃杯中的酒时，可观察留在杯壁上的酒滴，专业人士称之为“美人泪”，酒的糖度和酒精度越高，这种酒滴越明显。

★闻香

将鼻子靠近杯口，先轻闻静止状态的酒香。然后将酒杯轻微旋转，使杯中酒轻轻荡漾，当酒液像一位红裙女郎翩翩起时，会出现“挂杯”现象，即杯壁上的酒滴滑动痕迹，浪漫的法国人称之为“酒腿”或“酒的眼泪”。“酒的眼泪”越多、流动的速度越慢，表明酒精度和含糖量越高，相对来说这款酒的口感也会比较丰郁。

促使酒与空气接触，以便酒的香气释放出来。将杯子靠近鼻子前，再吸气，闻一闻酒香，与第一次闻的感觉做比较，就会有这样的感觉：第一次的酒香比较直接和轻浅，第二次闻的香味则比较丰富、浓烈和复杂。闻酒时，应探鼻入杯中，短促地轻闻几下，不是长长地深吸，闻闻酒是否芳香，是否有清纯的果香，气味的粗劣、闭塞、清淡、新鲜、酸的、甜的、浓郁、腻的、刺激、强烈或带有诱惑的羞涩，这些都能从这一闻之中体会得到。

★品味

将酒杯举起，杯口放在嘴唇之间，并压住下唇，头部稍向后仰，把酒吸入口中。葡萄酒讲究一小口一小口地啜饮慢品。让酒在口中翻转，用舌头反复玩味，让酒在舌尖溶动，或用舌尖把酒包住，然后在口腔里转动它，也可进行“咀嚼”，让每一个味蕾都充分打开，尽情地感悟其味道及酸甜度。

葡萄酒的口味主要有：甜味、酸味、酒精味以及涩味（单宁）。具体来说，要让舌头充分品尝三种主要的味道：舌尖的甜味、两侧的酸味、舌根的苦味；让整个口腔上颚、下颚充分与酒液接触，去感觉酒的酸、甜、苦涩、浓淡、厚薄、均衡协调与否，让酒香扩散到整个口腔中；也可将口微张，轻轻地向内吸气。这样不仅可防止葡萄酒从口中流出，还可使葡萄酒蒸气进到鼻腔后部。最后，在口味分析结束时，最好咽下少量葡萄酒，将其余部分吐出。然后，用舌头舔牙齿和口腔内表面，以鉴别尾味。好的葡萄酒余味可以持续15～20秒。一般而言，越好的葡萄酒香味越持久，同时香味种类也越丰富，特别是一些耐久存的老酒，余香可在口中历久不散。值得注意的是：端酒杯时注意不要握杯身，手心的温度会影响酒的口感。

如果是专业的品酒师，还有吐酒这一项。每个品酒师的桌面都有一个吐酒桶，将口中的酒吐出，一方面能换一种方式进一步感受余味的长度与均衡度，也可避免麻痹味觉。

Carmen魅力说：品酒是优雅的事情，进行品尝时，无论是对于酒色的观赏，摇杯、闻香，还是对于美酒的品尝，尽量地保持最小幅度的动作，以维护你优雅端庄的姿态。品鉴红酒，如品生命中与情人相聚的美好时光的味道。

优雅Tips：浪漫品酒

★品酒会前的准备

一般的品酒会都不会准备太多的食品，只有简单的面包、饼干或各式的小点心，所以在这之前你要先给自己的胃垫垫底。因空腹喝酒后会有饥饿的感觉，特别想吃东西，这种感觉一出现就会钝化你对美酒的欣赏，而且空腹后酒精会吸收得较快，让你过早地感觉不胜酒力。

★吃的讲究

若出发前吃过东西，要在品酒前两小时内刷牙，但是切记不要吃任何刺激性的或是辛辣的食物，巧克力、薄荷糖或抽烟等，它们都会在你的口腔中残留味道，影响你对酒的欣赏与判断。一些食品、调料等即使吃后刷牙也会弥漫出强烈的味道，所以品酒会前一定要注意不可食用。

★不带一片香

参加社交活动，女性当然喜欢喷些香水和使用护肤品来提升自己的魅力，但是品酒时要仔细分辨与感受酒所散发出来的香味，浓烈的香水味与护肤品所散发的味道的遮盖作用是相当明显的，这也会造成他人的烦恼，使品酒失败。所以，品酒前尽量不用味道太浓的护肤品或香水，避免遮盖酒的香气。

★酒温

酒最理想的温度是室温 20℃～ 22℃，一般的品酒会现场温度都在这些范围内。

第 9 堂课
从容自在享受休闲时光：自助餐礼仪

有教养的就餐，必定表现出高贵的节制！

——Carmen

自助餐又称冷餐，是较为流行的用餐方式。所谓自助，当然是在就餐时可自主选择、享用自己所喜欢的任何菜肴，并且不受数量与时间上的限制。它的特点是自己动手、自我帮助、自选菜肴、数量不限。

自助餐的气氛是比较随意的，但细节问题不得不提醒大家注意一下，尤其是女士们，可不要让自己成为大家侧目的焦点，在众目睽睽下让大家欣赏你失礼的举动才好。有一点值得一提，对于有拖延症的女士来说，自助餐会唯一的好处便是可以不必准时到达，迟到几分钟也是可行的。

进入餐厅时，女士不必太担心自己的手提包或披肩和外套没有放置的位置，各种自助餐厅都会有一个寄存处，你可以先去寄存处那里，不要一到场就立即去拿取食物，这样显得很没礼貌。

自在不失优雅的取食法则

★杯盘

自助餐的大杯盘一般都要用单手拿，空出另一只手以便于取菜。盘子左下方有 1/4 的位置需要空出来，垫上餐巾，然后放上酒杯。

优雅的姿势：以左手拇指与食指端着杯子，而中指、无名指、小指这三个手指起着一定的作用，将整个盘子支撑并稳定杯子与盘子。

若在进餐中，临时有事需要暂时离开一下，避免回来时找不出自己的杯子，你可以给它做一个记号，在离开前先将餐巾折叠成自己喜欢的形状，垫在杯子下面，这样你就有了自己的专属。

★甜点沙拉

自助餐上菜的顺序一般都是：前菜、汤、鱼类料理、肉类料理、沙拉、甜点，所以我们用餐时也需要依据这样的顺序来夹菜，切记不要一开始就去取甜点和沙拉。

★夹菜技巧

在夹菜时，如果发现餐桌上有空余的位置，你可以将自己的小盘子放在空地，并以双手夹取菜品，若是没有空地不能放下盘子，那就要用单手了，以左手端盘子，右手去夹取菜品。

★多次少取

在就餐时我们都会遇到自己偏爱的食物与菜肴，不要一下子取太多，可以一而再、再而三地反复去取，直到自己满意为止。选取要适量，也不可一次取多盘或将其完全取完。

自助餐中，“多次”“少取”并不冲突，一是量力而行，二是防止浪费食物，这是人人须知的规则。

★交流

参加自助餐会的朋友形形色色，如果你只与自己的熟人说话，那将错过扩大交往的机会，学着熟悉并主动去和一些素不相识的来宾打招呼，保持你的微笑，主动寻找他们的共同特点，选择可以交流的话题，这样你会结识更多的新朋友。

初次见面要先自我介绍，找些简单的话题，谈谈此次餐会的氛围以及对一些菜品的感想，也可以将餐会的主办方拉进来作为话题，有时甚至还可以谈谈自己的工作。

如果是主人邀请的宾客，那你的任务就很艰巨了！一旦发现有些比较陌生的人因为朋友甚少或不喜欢攀谈，一个人孤零零地站在一边，这时你的表现机会来了，要代替主人去照顾好客人，主动上前与之交谈，并介绍一些你比较熟悉的朋友给她认识，缓和一下气氛。

Carmen魅力说：优雅地进餐也总是善始善终。餐后，把我们所用过的刀叉放在餐盘中，可以摆放在餐桌一角，千万不要将餐具重叠放置，更不可以将餐具用完后胡乱摆放在桌子上。

淑女自助用餐法

淑女吃法的关键当然是要低热量高价值啦，事实上现在的肥胖者越来越多，对于那些爱美又注重健康的美女来说，怎样才能既满足口腹之欲，又不会将自己吃得肉肉满身呢？这永远是一个值得探讨的话题。

所以，我们要学会用餐量胃而食，吃得健康优雅才是关键！可以选择低热量荤食和高价值果蔬相匹配的吃法，既满足了吃的欲望，又保证了你完美的形体。

先选择一些水果润润胃，奇异果、火龙果之类的水果含维生素C较多，热量又很少，可以先吃一点。再选择海鲜一类的如鱼类食物作为主食，这一类食物一般是比较容易消化的，又不会产生较油腻且饱胀的感觉。

那么多美味肉类里你肯定会不舍得放弃它们，比如牛排、猪排、羊排等美味，让人想想就流口水，这时不要怕，一定会满足你。先建议厨师在加工时将原味的口味调得清淡些，在满足了你的小胃之后，应立即吃些杨梅等含有酸性的水果，这些酸可以帮助你的胃迅速无残留消化。

优雅Tips：自助餐礼仪

1. 在喝饮料或酒水时，如果未喝完也不想再喝时，可以请服务员将杯子拿走，不能把杯子堆放在面前。

2. 取菜时如果人多需排队，可随队伍前进，轮到自己时不要拖延太长时间来选菜，应迅速取完后离开，不在摆菜桌附近吃东西或聊天。

3. 自助餐上的椅子不要放提包或物品来占位，因为这里是为年长者或劳累的人准备的。

4. 取食物时，不要太热心肠，每人最好只拿一个盘子，如果不是特别熟的人，就不要帮别人拿食物，这样不太合适。

5. 热菜和冷菜要分开来放在盘子里，取不同食物时要换盘子，用过的盘子可以放到小桌上，或让服务生来处理。

6. 取菜与说话时，目光也要机警一些，注意前后左右的情况，不要突然一转身碰撞到他人。

7. 取菜时注意要用公用的餐具来取菜，不可直接用自己用过的餐具来取。

8. 不要失礼，在食用餐品后会有一些垃圾或废弃之物，切记不要乱扔，应放置在自己餐盘的一端，切忌乱扔、乱放及乱吐。

第10堂课
提升人脉的优雅交际：宴会礼仪

一生没有宴饮，就像一条长路没有旅店一样。

——德谟克里特

举办宴会的宗旨是制造出愉悦的气氛，让客人在开心用餐的同时使他们有良好的沟通与互动，社交当中常常通过宴会来协调关系、联络情感、增进友谊、加强团结、促进合作。

社交宴会介绍

宴会是一种较高层次的社交形式，通常将政府机关、社会团体具一定规模的酒宴，称为宴会；而私人开设的较小规模的称为筵席。

★宴会的意义

举办宴会是为了庆祝某一节日或纪念日，表示祝贺、迎送贵宾等。它通常都具有较庞大、隆重的场面，给人一种礼遇上的满足。宴会有很

多种，其作用当然也不同，通过宴会形式能表示祝贺、感谢、欢迎等情感。

★宴会的分类

按规格可分为国宴、正式宴、便宴、家宴。

按餐型可分为中餐、西餐、中西合餐等。

按用途可分为国庆、欢迎、答谢、告别、招待等。

按时间有早宴、午宴与晚宴。

还有其他一些鸡尾酒会、冷餐会、茶会均为宴会。

优雅Tips：礼仪的开始

★交际赴宴礼仪

1. 宴会开办的成功与否，主人处于主导地位，而客人应邀赴宴的密切配合更不可忽视。首先，被邀请人会接到邀请函，不管你能不能去赴约，都要在最短的时间内给出答复。如果因各种原因无法应邀时，应婉言谢绝。如果时间允许，可以接受邀请，就尽量不要随意变动，准时出席。真的有意外事件无法赴约的，要提前解释，同时表示深深的歉意。若是作为主宾无法如约的，更要郑重其事地解释，有必要时应登门致歉。

2. 赴宴的时间要掌握分寸，千万不可以迟到，否则会显得非常失礼。如果提早到达，主人还未将一切准备妥当，难免会使主人有些尴尬，也不很得体。赴宴前要花些心思精心打扮一番，注意要着正装，配高跟鞋，不要化太浓的妆，香水喷洒也要适度，避免影响餐品的味道。

3. 抵达宴会地点时，主人迎来表示礼貌应及时向前回应，向对方问好并致意。可按当地习惯送上鲜花或花篮。

4. 入席后，在服务者的引导下找到自己的座位卡入座，注意不要坐错了位置。保持优雅的坐姿，要自然端正，不必太僵硬，更不可后倒靠于椅背上，双肘不能放于餐桌上，不可托腮，眼光不要紧盯菜盘，可随势而动。

5. 落座后，主人拿起餐巾，自己随之也将餐巾拿起。餐巾作用是防止菜汤滴在身上，也可擦拭嘴角，但不是擦餐具用的，更不要擦脸。将餐巾打开放于腿上，切记不要放在胸前。

6. 进餐时要保持文明、从容。应闭嘴细嚼慢咽，不宜发出声音，喝汤需轻啜，对于较热的菜或汤不可太急切，待其冷却后食用，切勿用嘴去吹。骨头、鱼刺等残渣可吐到筷子或叉子上，放入骨盘。口中有食物时避免说话，如有异物需剔牙时，应一手遮住或以水冲刷。

7. 宴会的重要形式就是边吃边聊，要主动和同桌人进行交谈，主人着重介绍的客人需多主动与其交谈，不要只顾着与自己熟悉的人谈话，而冷落其他人。

8. 谈话的内容要轻松、有趣，千万不要涉及一些敏感、不愉快的话题，更不可对宴会与饭菜妄加评论。

9. 用餐完毕后，要向主人道谢告辞以示尊重和谢意。

★社交宴会礼仪

1. 就餐座次一般不需要太讲究，但是尽量不分桌坐。如果在同一桌不可容纳时，可在同一包厢中选择。这样的宴会餐桌一般不分主次桌，可以自由落座。宴会的主人会先请主宾入座，坐在自己的右侧或正对面，也就是在正门所对的方向，这个位置有开阔的视野，同时可以观赏到优美的景致。

2. 工作餐讲究的是吃饭、办事两不误。主宾用菜完毕时，便可以与对方开始交谈，点菜后、上菜前均可以，但是要围绕正题来谈。交谈的过程中不宜录音、录像或记录等，如有必要可用笔录或使用便携式电脑等，但是要提前与对方打招呼并得到对方的首肯，以免造成误会使交谈失败。

3. 席间，正式宴会一开始都有致辞或祝酒词。但时间也因习俗而定，一般会在开宴前进行讲话、祝酒。此时全场都要停止一切活动，认真聆听主人讲话，同时应积极地配合致辞人的祝酒仪式，同桌间可互相碰杯，此后宴会才正式开始。

4. 用餐礼仪：餐具的摆放应左勺、右筷，左茶、右酒。忌在餐桌上出现拜祭式，也就是将筷子插在饭碗的中央，或交叉筷，这都是用餐的大忌!

在服务人员上菜时应将新菜、主菜转到贵宾的面前，以示重视程度。餐品中有鸡、鱼等菜时，应将头朝向人前，即所谓的“有头有尾”。特别要注意一点，在宾客伸筷夹菜时切莫转动菜盘，以免使对方感觉到不自在、有失礼仪。

用餐期间如果餐品中出现了一些小问题，如发现菜虫，不要大喊大叫，可示意服务人员进行处理，不要给他人带来不必要的麻烦，影响同席者的食欲。咀嚼时应细而慢，饮汤时要轻啜，不要发出声音。

5. 若席前有事需要中途告别时，应在宴请开始前就向主人说明情况，需向主人打个招呼，请之谅解，同时表示深切的歉意，方可离开。切记不要在席间有人讲话或讲话完毕后提出告别，要选择好时机，一般会在宴会告一段落之后，如在主宾间相互敬酒后或客人均已用完餐后再提出。千万不要大张旗鼓地进行一一道别，作为主人也不必离席远送。

6. 一切用餐结束后，应起立，同时向主人表示谢意，对于此次宴请的圆满成功表示祝贺，此时可告辞。

★教你优美坐姿

优美的侧点式：两小腿左斜，并拢双膝，可以将右脚跟紧随左脚内侧靠拢，右脚掌与左脚尖着地，略向左侧倾斜头和身躯。这时要注意腿弯曲成 90°，充分伸直你的小腿，这样可以从视觉上增加小腿的长度。

端庄的重叠式：常采用正身、侧身式，手部交叉、扶把手等多样变化。

Carmen魅力说：席间应举止文明、吃相高雅，不要有跷二郎腿这样不严肃、不庄重的坐姿出现。端庄重叠的姿势只要注意上边的小腿回收，脚尖向下就可以了，它可以展现你外观的优美文雅、大方自然，更能充分展现你的女性魅力。

第 11 堂课
嬛嬛一袅舞步翩翩：舞会礼仪

今生有缘才能共舞，珍爱今天方能无悔。

——无名

在各种各样的社交聚会中，舞会是最受人们欢迎的。确实，舞会是人际交往，特别是与异性间的简单、文明又轻松的方式之一。

舞会是种娱乐性的社交聚会，以参加者结伴跳舞为主要内容，在乐曲、灯光与优美舞姿的陪衬下，我们不仅可以从容自在地自我放松，还能结识到许多新朋友，扩大自己的社交圈子。

美美地出席

在出席舞会之前，精心打扮一番是必不可少的。想要艳压群芳？在仪容、化妆以及服饰上就必须都出众。

1. 处理个人卫生，给自己来一个花瓣浴，整理发型，如果穿短袖或

无袖装，要注意腋下的形象。

2. 口腔应该清新无异味，舞会前不要食用气味刺激性的食物，可在出门前喷口气清新剂。

3. 若是生病了应自觉地不参加舞会，避免传染给他人，影响大家的情绪。

4. 舞会上因为灯光的照耀，妆容应显示张扬的个性，适度地以美观、自然为准，不要搞得怪异令人咋舌。如果是化装舞会，那就请尽情发挥吧。

5. 穿着高雅的礼服、时装或民族服饰，可依举办方的规定来选择。通常舞会忌戴帽子、墨镜，或穿皮革之外的鞋。

6. 正规舞会的服装不应过露、过短、过紧，这样会让人觉得你不合时宜还有失庄重。

礼貌地邀请

1. 在邀舞时应注意方法与顺序，避免出现尴尬的局面。邀请舞伴时，最好是邀请异性，如果是同性之间相邀跳舞会显得关系异常，一般都是男士邀请女士，女士可以拒绝，并不失礼。如果是女士邀请男士，男士是不可以拒绝的。

舞会上一对舞伴只宜共舞一支曲子，接下来就要交换舞伴去扩大自己的活动范围，如有必要，在舞会结束时也可再共舞一曲。

2. 邀请他人跳舞时，要文明、大方、自然、有礼貌。不要强人所难，更不可有出言不逊或争抢舞伴的事件发生。邀请舞伴时，可向同伴含笑致意，然后询问邀请：“我可否有幸与您共舞一曲？”如果自觉相邀不便时，可烦请中间人代为介绍舞伴。

3. 选择舞伴的要点：选年龄相仿的舞伴，这样沟通合作较方便；身高要相当，如果身高相差过于明显，会令人感到尴尬难堪；选择气质相同的，这样会相互产生好感，配合也会比较默契；选择舞艺相当的舞伴，这样可相得益彰，有助于双方更好地发挥，而产生愉悦感与满足感；如果想结识某一人的话，应找机会邀请共舞，在舞会上经常会碰上久未见面的旧交，这时共舞一曲能达到增进感情的效果。

婉拒的方法

一般情况下，通常被他人邀请时，不宜拒绝对方。但若要回绝，则应注意自己的态度与措辞，切勿伤害对方的自尊心。

在拒绝邀舞请求时，态度应友好、自然，更要讲究礼貌，千万别把邀请者“晾”在那下不了台，或对其置之不理。

拒绝邀请最好起身相告具体原因，且向对方致歉，并说“实在对不起”或是“抱歉之至”。别人邀请自己跳舞说明对方尊重自己，所以千万别令其难堪或受到伤害。拒绝一个人的邀请之后，不要马上接受下一个邀请，特别是不要当着前者的面堂而皇之地这样做，这样会被前者视为一种公开的侮辱。如果被人拒绝要有自知之明，不要强行邀请，以免造成不愉快。

Carmen魅力说：女士回绝男士的邀请时，应该使用委婉、暗示的托词。“对不起，已经有人邀请我了。”“不好意思，我有些累了，希望单独休息一会儿。”“很抱歉，我不会跳这种舞。”“哦！我不喜欢跳这种舞。”“真是巧，我不熟悉这首舞曲。”“我不喜欢这首舞曲。”

优雅Tips：展现你的优美舞姿

舞会中，最重要的是参与，人的舞姿不一定要求尽善尽美，但是跳舞时的所作所为却要尽量达到合乎规范的标准，展现出你的优雅大方。

★姿态

舞场上一般是女士在前，男士在后，由女士选择具体的方位。以男士为主导，女士积极配合。身体保持平衡，步法不能错乱，更不可以出现失误。需前进或后退时，迈出的脚步、身体重心以及力量的分配都应保持灵活自如、准确无误。

掌握运步方向，在改变行进方向时，应以自己左脚或右脚的前掌为轴转动。移动方向时，应按照逆时针方向行进。确保舞池的正常秩序，避免发生拥挤或碰撞的状况。乐队演奏完毕后，向乐队鼓掌以示感谢，然后便可离去。

★行为

在跳舞时应保持优雅文明的行为，具体的动作要与舞曲保持配合一致。任何时候都不要自我独断，不允许有粗俗、失礼的舞蹈动作，这样会显得很失礼。

跳舞时还应注意与其他跳舞的人保持适当的距离，留出足够的空间。如不慎碰撞或踩踏到别人时也不要紧张，要主动地致歉。在接受他人道歉时，也要大度地向对方表示“没关系”。

无论舞伴间关系怎样，在跳舞时，除必要的手部相互持握外，身体的其他部位都要保持一拳左右的间隔，不宜主动贴向男士，双方都不要在跳舞时黏在一起。除沟通交流外，跳舞时目光不要长时间地紧盯着对方的双眼。如果不小心碰到了对方身体的其他部位，要主动表示歉意。

不要一时尽兴忘记舞会的目的是用于交际往来的，它也因此被称为交谊舞会，一定要抓住时机。在舞会上难免会遇到老朋友，除了共舞外，还要找时间一起叙叙旧，以致必要的问候，同时传递适当的信息，千万不要忙于结交新朋友而冷淡了你的老朋友。

商业舞会上的新朋友很多，你可以主动地介绍自己，也可以通过邀请舞伴的方式直接或间接地认识对方，还可以请中间人士代为介绍。认识了新朋友后，因为初识，不要长时间地深谈，适可而止。可以在此后其他适宜的时间用电话或邮件的方式保持联系，以便进一步推进双方的合作关系。

★语言

与初识跳舞时，一般以称道对方舞技、表扬乐队的演奏等为主。也可简单介绍自己，但是谈话的内容不要涉及对方的个人隐私，更不可贬低他人的舞技或胡乱调侃一番。女士不可在跳舞时向对方提出单独约会的请求，更不可盲目地向对方表达爱慕之情，这样会让人觉得你很轻浮，有失身份。当然，如果舞伴是你的恋人或是老公就另当别论了！

第12堂课
赠人玫瑰手留馨香：鲜花礼仪

不必急着采集花朵并保存它们，你只管继续走下去吧，因为你的路途上花儿自会继续绽放。

——泰戈尔

鲜花千姿百态，有着自己独特的语言，它的魅力在于表达我们内心丰富的情感并传递给身边的人。它以其绚丽色彩、绰约风姿及浓郁芳香，给人以美的享受，是幸福、友爱的象征，在人际交往中被称作“情感使者”。

花花世界的礼仪

送花源于西方礼仪，现在在中国也成为比较普遍的礼仪交往方式。送花最多通常是恋人之间，饱含着彼此间的浪漫与纯洁。在这世间，少有不爱花的女子。

送鲜花前，我们要对鲜花在各个国家、地区与各种民俗背景中的特

殊意蕴有所了解，避免送花不当，触碰别人的忌讳。

选好时机

送花给他人，总会有理由。无论是什么理由，送花都要讲究时机。

1. 爱慕：当对某人产生了爱慕之情时，常因羞怯而难以启齿，所以通过赠送花的方式，传达自己的爱慕之情。送花这种方式，要比直接向对方表白容易实施。对任何人来说，收到花都会是一件快乐的事。

2. 尊敬：当你将要去做客时，会为送礼物的选择而大伤脑筋。礼物太贵重而自己条件有限，太廉价又无法表达心意，一般实用的东西又显得俗套，容易让对方误认为有事相求。那就送一束鲜花吧，既不俗套，又显尊敬。

3. 惜别与祝福：欢迎贵宾，若你手捧鲜花送与他们，立即给人以热情友好之感。与亲友告别时，表达惜别或祝福，均可送上一束鲜花，让对方一路上感受你们之间的浓浓情谊。

4. 纪念：结婚纪念日、爱人的生日，一些特别重要的日期，送鲜花给对方，既能烘托气氛，又可表达真挚的感情。

5. 歉意：当你和某人有误会或发生冲突，双方关系出现了危机，为了挽回感情，表示歉意，希望获得谅解，可以真诚地送上一束鲜花，必定能化干戈为玉帛。如果想拒绝某人某事的请求，又渴望得到谅解，可以送上鲜花，会让彼此觉得不太尴尬。同时，也能表示你对此深感抱歉，化解你的社交危机。

6. 恭贺：在遇到某些比较重大而喜庆的活动时，也可送鲜花表示恭贺。过节时也可以送花表示庆祝。

7. 嘉奖、慰问：有表彰或进行比赛时，或当朋友遭遇不幸与打击，需要进行安抚问候，都可赠予鲜花来表达你的真情实感。

8. 悼念：丧葬礼或祭扫，可送鲜花以表寄托哀思与缅怀之情。

鲜花礼仪的多种形式

花的形式，可分为花束、花篮、盆花、饰花、花环以及花圈。

1. 花束：包装简单，也是市面上适用范围最广的一类。

2. 花篮：适宜赠送于开业、大会、庆典等。

3. 盆花：适合赠与闲情逸致、有充裕时间的人，可珍藏、植养以及观赏等。

4. 插花：有艺术欣赏价值，多用于装饰及馈赠亲友。

5. 饰花：为佩饰，可送给亲密朋友。

6. 花环：多赠予贵宾。

7. 花圈：用于丧葬与祭扫时表示寄托哀思。

送递的方式有亲自送递、好友转送与代送三种形式。

我们常用的方式是亲自送递，这时可以选择精美的卡片来说明送花的意图，同时还可以和收花者一起分享喜悦之情。

委托代送鲜花，一般是因本人没有时间，不方便见收花人，当然，如果接收花的朋友在外地，突然收到一束美丽的鲜花，无疑是一个大的惊喜，她（他）一定会爱上你哦！

花店代送这种方式，一可以节省时间；二具有浪漫情调；三若对方想要拒绝，这样做能减少对方的压力。如果在商务交往中，本人亲自送上才会更显诚意。

馈赠物品的种类有很多，鲜花属于美丽又脱俗的礼品之一。当然，在社交礼仪当中，鲜花也是最高雅又最容易获得成功的馈赠选择。

Carmen魅力说：馈赠礼花，要选择新鲜的，枯死的干花有些人会视为不吉利。当你无法进行选择时，并且没人指点，那就请花店的服务人员帮忙吧，或者选用多色彩与品种搭配的花束。它的寓意比较广，也不会给对方造成不必要的误解。

优雅Tips：各种节日鲜花的选择

★情人节

选择红玫瑰来表达情人间的感情。它象征着爱情、热恋、激情，是人们心目中的爱神之花。粉色代表初恋，红色代表热恋，黄色代表道歉，白色代表了纯洁的爱情。

★母亲节

选择红色或粉色大朵的康乃馨。

★父亲节

选择黄色玫瑰和秋石斛，也可选择向日葵、百合、君子兰或文心兰等，以示对父亲的尊敬。

★婚礼

选择鲜艳而富有花语的玫瑰、百合，这些都可提高浪漫气氛，为婚礼增添甜蜜。

★生产

选择淡雅而富有清香的鲜花，如雏菊这样具有生命力的鲜花，代表天真、和平、希望、纯洁的美以及深藏在心底的爱。

★乔迁

选择高贵的，如剑兰、玫瑰、盆栽或盆景，以表示隆重的祝福。

★生日

选择诞生花，也可用玫瑰、雏菊、兰花等，表示永远祝福。

★探病

选择剑兰、玫瑰或兰花。不可选择白、蓝、黄色或香味过浓的，以免影响患者呼吸。

★丧事

选择白菊、黄菊、白莲花或白玫瑰都可以，表示惋惜与怀念。

★鲜花在不同国度的不同意义

在中国古代的九九重阳节，先人有登高、赏菊、饮酒的习惯。菊花是日本王室的专用花卉，人们对它极为尊重，可是菊花在西班牙、意大利和拉美等西方国家却被认为是“妖花”，只能用于墓地和灵前。

德国忌送郁金香，因为它寓意无情；但在荷兰、比利时，郁金香是国花，代表了博爱之意。

荷花在中国、印度、泰国、孟加拉、埃及等国评价很高，代表美与吉祥或一切被视为美好的事物，在日本却被视为象征祭奠的不祥之物。

白百合花对罗马人来说，是美与希望的象征，波斯人则认为它代表了纯真和贞洁。

在法国，黄色的花朵被视为不忠诚的表示。

在巴西忌用绛紫色的花，这样的花通常会用在葬礼上。

中国沿海，如广东、海南、福建、香港等地，送生意人，不要送梅花与茉莉花，他们对“没花、没利”这些谐音忌讳。南方和东南亚一带人，过年时会送桃花，认为桃花能辟邪。送大丽花则表示“大吉大利”，金钱橘代表财运亨通。剑兰在香港又叫步步高，代表事业顺利，也有许多城市在春节时习惯送它，认为能辟邪。

情人节不要送红白相搭的玫瑰，这代表了分手。

在国际交际场合忌用菊花、杜鹃花、石竹花、黄色的花献给客人，已成为惯例，所以需要特别注意，以免失礼。

第 13 堂课
尊人知让必懂无礼不立：公共礼仪

不学礼，无以立。

——孔子

公共礼仪是建立在社会公德基础上的，它们之间是密不可分的。所谓社会公德，即是道德在一定场合的一种表现，它有个性特征。

公共礼仪特点

1. 全民性：社会公德不属于哪个阶级，不是反映某个阶级利益的阶级道德。它从整个国家民族的利益出发，是基于社会全体成员的。所以我们应当共同尊重与遵守，形成社会共同信守的道德评价标准。

2. 广泛性：它形成于广泛的社会关系，是相对个人私德而言的。遵守社会公德是全体社会成员的共同愿望，同时也要求全体社会成员共同履行。社会公德是不分地域、不分民族、不分阶级、不分行业的。这是

因为社会公德有别于法律、纪律，其性质类似于文化知识。

孙中山先生在讲述“民族主义”时曾说：这种正心、诚意、修身、齐家的道德，本属于道德的范围，今天，要放在知识范围来讲才更适当。这是很正确的，知识是最具广泛性的。人们生活在同一个社会，不论什么身份的人，总有一个最简单、最起码的共同需求，需要共同遵守，形成正常的社会生活秩序。

3. 传统性：社会公德是千百年社会发展积累的结果。社会公德的内容是人们在社会生活中以民族心理、民族习俗为准则逐步积累形成的，它是人类文明的重要标志。今天社会主义公德是继承千百年来的社会公德，并进一步总结、发展而形成的。

4. 简单性：社会公德的内容、要求比较简单、具体，又是最起码的。它不像法律，没有复杂的条文，往往只寥寥几字，如公园里的“请爱护花木”、剧场里的“请勿喧哗”等。社会公德不仅是各种先进人物、积极分子要遵守的，而是每一个正直、善良的人都能接受而遵守的，因为公德是做人的最起码的道德要求。

知礼仪懂道德

在社会交往中，一个人的良好公德可以促进人际交往，形成良好的关系。

★以礼待人

在日常待人接物中，要懂得谦恭、和气，懂得温、良、恭、俭、让这五项要求。礼貌是人际交往中应当遵循的一个起码的准则。每个人都有自尊心，希望受到尊重是每个人精神生活的重要需要，礼貌待人可满足人的这种精神要求，有利于双方沟通感情、调整关系。它要求在待人接物时应彬彬有礼、谦逊大方。

★遵守秩序

公共秩序是最简单的社会要求，在生活中有着重要地位，是和谐稳定的重要因素。在社会生活里，人与人之间都存在着某种关系。一个人的言行可能干扰他人，破坏正常的社会生活秩序。因此，每个人都必须对社会承担道德责任，遵守社会公共秩序是每个人的义务。

★讲究卫生

讲卫生、爱清洁是道德修养与衡量社会风尚的重要标准，中国人自古有爱清洁的风尚。讲卫生既是个人需要，也是对社会环境的关心与责任。维持个人与公共卫生，它能反映现代女性的道德风貌。

★仪表整洁

注重仪表，从大方面来讲是社会公德，以小的方面来说，服装整洁是对自己与他人的尊重。拜访及接待他人，若服装整洁会给人留下愉快的印象。仪表整洁，是一个人修养、审美情趣的反映。一个热爱生活、道德高尚的人，总是注重自己的风度、仪表。

Carmen魅力说：一个有魅力的女性，从来不会不修边幅地去公众场所。如果一位女士仪表不整就出现在公众场所或是去拜访他人，会让人觉得你很不懂得尊重别人，甚至会觉得你轻视对方，是十分失礼的。

★尊老敬贤

贤者，是德高贤达的人，是社会的宝贵财富。对老人、贤者的尊敬，就是对文明的尊重。

★助人为乐

助人为乐，是最实际、最具体的文明行为。在别人有了困难时，遭到挫折、遇到危难时，我们热情相助，是给予他人最好的尊重。

Carmen魅力说：助人为乐，可以净化灵魂、陶冶情操，提高你的社会责任感，也会让你变得越来越美。

优雅Tips：公共礼仪从点滴做起

★外出

要遵守交通规则，车来车往，步行时要走斑马线，不横穿马路。开车时要注意安全，同时还应注意查看指示，听从指挥行车。要保持道路的卫生，这是一个文明的象征，在公共场所不随便乱抛杂物，自觉尊重环卫的劳动。要自觉养成讲究公共卫生的文明美德。

懂得礼貌待人，在路上总会遇到老人、妇女或儿童，在人多的地方要自觉按顺序而行，不要造成拥挤，不在道路上长时间停留，避免影响交通。如果不小心碰到他人应礼貌道歉。若被他人碰到或伤到，也应礼貌地回应，不要大声喊闹，造成不必要的烦恼，有失自己的身份，要保持理智的态度正确对待。

★与人交往

遇到熟人，要问“你好”；麻烦别人，要道声“谢谢”；妨碍了别人，要说一声“对不起”；别人向自己道歉，要说“没关系”等。

★商场购物

要用文明语言，尊重服务人员的劳动。选择物品时可求助服务人员，并用礼貌用语“请”“麻烦一下”“谢谢”。调换商品时应酌情处理，不可强求。

★影剧院场所

在良好的娱乐环境中，要遵守秩序，讲究文明礼貌。到售票处买票要排队，不随地吐痰，不吃带皮核的东西，不乱扔杂物。最应注意的是不要高声说话，避免引起别人的反感。

在剧场观看表演时，应适当地给以热烈的掌声，这是对演员的尊重与激励。在中途需要离开时，要轻声说“对不起”“劳驾”等，压低姿势轻步退出场地。演出结束散场时，要依次退出，避免造成拥挤，发生误伤。

★图书馆

这是一个学习的公共场所，所以在这里更应注意文明礼貌。不大声喧哗，不吃零食，步履要轻盈，更不要多占座位。保护好书籍，要轻取轻放，入座时椅子与地面不要发出声响，避免给他人造成影响。在翻阅书籍时，不要乱涂乱画，否则会影响下一个阅读此书的人。

★旅游拍照

出外游玩当然要美美地拍一些照片留作纪念了，但是保持愉悦心情的同时不要忘记遵守规定与社会公德。一些旅游地点会有关于拍照的注意事项，我们要按规定进行拍照，不要违反，避免造成不愉快。当然这其中也有一些公共物品，如草坪、花坛和雕塑等，要注意对它们的保护。最主要的还是要注意安全，防止事故发生。

第 14 堂课
踏出国门你代表着一个国家：出国旅行礼仪

尽显国际风范，做自己的女王。

——Carmen

随着时代的变迁、社会的发展，想要成为优雅而有魅力的女性，就必须有自己的追求，内在的气质和文化底蕴必不可少。在职场和生活中，智慧的女性懂得历练自己的意志，实现自己人生的价值，努力把控自己的人生。

走出国门，我们不仅代表了自己，更代表了国家，各项出国礼仪理应精通，才不失东方女性的优雅。

★乘机：拿到机票后，检查班号和日期，这是基本的常识。在上、下飞机时，应礼貌地对空姐打招呼或点头。在飞机上不要大声喧哗，如需谈话不要影响到他人。以优雅的坐姿坐好，不要妨碍他人。

★乘车：出行时可有两种选择，一种是坐“巴士”，另一种是出租车，出租车的收费标准不一，可按计价表付款，注意乘车时也要保持礼貌的

言行与举止。

★购物：很多女士喜欢到国外购物，购物时有几点需要注意。在进店前，应先将从其他地方购得的物品存放在寄存处，然后再进入商场。在参观商品时不宜多动、多摸，所选的物品如无特殊的必要就不应打开，以免给自己带来不必要的麻烦。需要时可以找服务人员，对服务人员要用礼貌用语，以微笑示人。

在很多的国家买东西是要加税的，各国的税率也不同，应预先了解情况，再行购买。如果是在免税店购物，应出示护照由商店填写税单，以便出境时海关核对。

★游览或观光：国外的风景区或展览馆等地也与国内有着相似之处，如“禁止拍照”“禁止触碰”等。我们应遵循当地的规则，不要违反。在国外，同样要遵守交通规则，注意安全，保持环境卫生，用文明性语言与人交谈或请求他人帮助。

和平友爱，注意个人形象

★形象为主：你的形象代表着你的品位与教养，反映着你的生活态度与精神风貌。要保持好个人的形象，应从仪表、服饰、举止、表情、谈吐、仪容等多方面加以注意。

在国外，尤其要参加国际交往时，应虚心学习国外文化，尊重当地习俗，用坦诚乐观的态度对人，从容不迫、自尊自信。

★遵守约定，履行承诺：交往时，讲话要有原则且谨慎，无论是答应对方的要求或是许愿，都要深思熟虑，以自己的实际出发。对于自己的承诺要努力兑现，约定做出就应设法践约，这样才能给人以信任与好感，这也是我们常常强调的契约精神。若真的无法履行承诺或无法信守约定，应该尽早、主动地说明情况，并郑重地致歉，并弥补给对方带来的损失与遗憾。不要推诿，或无理地辩论，虽然得于一时之利，但在整体的形象上却给自己造成了不可挽回的损失。

Carmen 魅力说：古人云“一诺千金”，不论怎样，对于自己说出去的话，就要有承担的能力，否则，就不要轻易地允诺。

★热情或谦虚应适度：热情对人是我国人民的交友之道，在出国与人交往过程中，既要热情友好，又要把握好分寸，适度而有礼貌。

在对他人关心照顾时要有度，对于外国人，不应按自有的习惯事事都表现出关心；批评应有度，外国友人的作为如有不妥，只要不触犯法律、道德和人格，就不必去指责或干预；相处距离应有度，在与外国人交往时，应注重关系的程度，保持相应的距离；动作举止应有度，与外国人相处时要注意自己的动作举止，不可过分地随意，以免表现失礼造成他人的误会。

谦虚谨慎也应有度，中国人的特点是做事含蓄、委婉，特别是涉及自己的作为时，很少有鲜明的自我肯定。但是在与外国人交往时，切忌过谦，应学会适度地谦虚，尤其是对我国国情不了解的更应注意，要敢于对自己进行正确的肯定。

Carmen魅力说：当外国友人赞美自己时，应该自信大方地说“谢谢”。这既是对自己的肯定，也是对他人的礼貌回应。

★爱护环境：对自然环境要保护，对动物要有爱心，不可私自损坏公物，不可在公共场所堆放私人物品，不可乱丢废物，不可大声喧哗。

优雅Tips：当你走出国门

★怎样乘车

一个国外的朋友曾说："分辨中国女孩很容易，打的士坐在前座的就是了。"虽然是句玩笑话，却让人深思。原来，国内的打车不讲究座位的次序，但是在国外就不同，车的后座是留给尊敬的人坐的，车的前座是留给关系最亲密却平等的人坐的。我们与司机是雇佣关系，要坐在后座，这一点是要特别注意的，不然会显得你很不礼貌。

★对于姿势的要求

就座时更要注意，如果穿着短裙就不要分开两腿，应侧坐。如果出行必须盘腿而坐，就要穿长裤。若在沙发、椅子上就座时，应选最佳的姿势，可以按照我们前面讲过的坐姿就座。

★切勿使用中指

在西方，伸出中指是粗鲁的行为，在日常生活中一定要注意不用中指去指方向或用中指按按钮，这会给人不文雅的感觉。

第 15 堂课
白领、骨干、精英：求职礼仪

大多数人想要改造这个世界，却罕有人想改造自己。

——求职者

那些积极向上的女性每天都会从生活中看到机会：新的生活，新的梦想，新的追求……一个全新的自己也许就在一次求职中获得了！

女性应该善于用衣装的修饰展现文化与修养，许多公司的人事都认为第一印象是决定面试成功的重要因素，所以着装是求职女性必须注意的。求职中要表现出礼节与仪式，更从最基本的穿着、面容装饰到发自内心地对他人表示尊重。

求职礼仪细节

★服装：应配套、典雅、清新协调，不要露、透、乱。太华丽的服装是一种浮夸的表现，服装整体上要显得庄重一些，可以选择整洁、美观、

求职

大方、高雅的服装，色彩与款式应与自身年龄、气质、应聘职业等相吻合。

女性一般以西装或套裙为主，这一款式不挑年龄，衬衫、鞋子、包包要合理搭配，重要的是能让你显得优雅又自信，给面试官留下良好印象。

★服装的颜色：应选择单色系。服装面料上要选择好一点的，不起皱、不变形是最基本要求。在颜色上主要提议用冷色与暖色两种，但不要求上下装颜色一致，上装可浅、下装可深，这样给人以稳重感；上装深下装浅，则给人以活泼感。也可以选择同一色系，或对比色系，但应注意搭配比例。黑色套装的确是不错的选择，这样既干练又显稳重，不过要显得引人注目、有新意一些，不如选择黄色系的服装，能表现出你追求理想的激情，一般都会被接受；红色则能表现出强烈的主观意识与欲望，展现好动与外向特征，这会打动他人。

★鞋子：没有比优雅的高跟鞋更合适的选择了，鞋子的颜色要与你的服装相协调。如果你的身材稍胖，可以选择中跟的鞋子，这样既体现女性的尊严，又能表现你的稳重。

★袜子：夏天穿裙装的姑娘们，切忌袜子脱丝，颜色应选择舒服的肉色。为了避免有脱丝现象，可以在包中备一双新的，发生意外也可以及时更换。纵使你的腿很美，应聘时也不要让它光着，这样不合礼仪要求。

★配饰：配饰重点是应精而少，在很多的面试场合都需要带个人简历等一些资料，你需要有一个公文包，这样会突显你的真诚与专业。平时有带手提包习惯的女士们，需要在公文包与手提包之间做选择，只带一个，包包不要塞得太满，避免整体上有失协调。个子小些的女士不要选择太大的包，否则给人的感觉会很不协调。

戒指可选择简洁的款式佩戴；有耳洞的女士可选择与戒指或手表同

色系的来佩戴；手表需要选择优雅职业款式，不要戴运动和休闲款。首饰的佩戴主要以少且美为原则。除以上我提到的这些之外，不要再多加选择。

可佩戴丝巾或围巾，在颜色的选择上可因人而异，但是要注意整体的搭配。素色配艳丽的服饰，艳丽色配素色的服饰，这是最起码的原则，再结合我们之前的服饰礼仪做对比便可。

★妆容：妆容应淡而美，不可浓妆艳抹。避免用大红或橙红色口红，只需自然凸显唇色。

眼睛是心灵的窗户，为了让眼睛更能传神，可以画淡淡的眼线并均匀地涂上些睫毛膏，眉毛比较淡的女士可以画一个自然一些的眉。

香水在这里必不可少，香味应适宜应聘场合，不要太过浓烈，给人以舒畅的感觉就好。

着装禁忌

1. 不穿过紧过露的衣服，不袒胸露背，不要效仿西方的女性着装；不要穿超短的裙或裤子，不穿过低领口的衣服。

2. 在服装颜色中，切忌粉红色，它是轻浮与虚荣的表现。夏天应注意内衣裤与外套的颜色应一致，不要出现透色的失误，这样会让人觉得你很轻佻，此项是求职的一大禁忌。

Carmen魅力说：大部分的求职结果显示，不管是哪种职业，穿着保守的人被录用的可能性较大。如果你的面试官是女士，你要显得低调一些，并要给予更多的尊重，智慧的你一定懂的……

优雅Tips：面试是一次自我完善

★情感处理

女性善感，对于心理与社会偏见的影响要有自信心，自卑感是求职的天敌。我们拥有细致的表达能力与刻苦的精神，更有超强的记忆与忍耐力，这些都是我们的优点，也是胜于男性之处。应聘时要敢于表现自己的自信，发挥出自己的优势，充分展示你的个人魅力。

★体态表情

站立时，要身体挺直，平视前方。完美的站姿能给人端庄、稳定以及蓬勃感。如果站立时扭腰、歪头或斜着腿，会让人觉得没有教养。坐位时，可遵循女性坐姿的标准，不可跷二郎腿。走路时身体挺直，步伐不应太大，目视前方。面试谈吐需有条不紊，善于倾听并可简洁地陈述观点。

★你非常优雅

最后一点，你已非常优雅而完美，如果没能通过面试，那就是对方的损失喽，你不必放在心上，继续你的优雅人生，一定还有更适合你的工作在等你！

第 16 堂课
以和为贵淡定从容：办公室礼仪

让办公室成为你的军营，而非阵地。

——Carmen

在办公室这片天地里，如何与你的上司沟通，如何与同事和睦相处，共同完成公司目标，将是你职场中的重要课题。在这个大团队当中，永远记住重要的一点，这里是你的军营，是实现梦想与抱负的地方，它给了你一个平台，让你可以充分地展示自己的魅力并不断地挖掘内在潜能。这里的生存法则是以和为贵、友爱团结，相信智慧优雅的女士是不会把办公室当成阵地，想着去搬弄是非的。

职场中，最起码要做的到就是遵守行政礼仪，有些注意事项需要了解一下。

1. 不是所有的规则都可以应用于任何场合，要看对象是谁，这一礼仪要求必须是在本公司的内部使用。

2. 不是所有的规则都可以在任何地点应用，要看地点在哪儿，这一

礼仪要求必须在特定的地点即在办公场所内使用。

3. 不是所有的规则都可以在任何时间里应用，要看时间的规定是什么。这一礼仪要求必须在正常的上班时间来应用。

自我的约束

人是社会各种关系的总和，这是人的本质所在。所以，不管你在哪里，只要是正常的人，都会自觉、积极地搞好人际关系。那种我行我素、忽视他人的性格在当今的社会是行不通的。

作为一名职员，最基本的人际关系处理就是要学会约束自我。在公司内部要严于律己，要有意识地对自己做出要求。

★要热爱自己的岗位： 作为公司员工，要具备良好的心理素质，能进能退，胜不骄、败不馁，全身心地投入工作中，对自己的工作要认真负责、有效率，对一切都应专心，这才是你走向优秀的最佳途径。做事要讲诚信，恪守承诺，只有讲信用的人才能广交天下朋友。

★要有所成就，就需训练有素： 对自己的业务与工作都要精通，从小事慢慢做起，善于观察，开阔视野，有勤于思考、掌握新知识的能力。在工作中应遵纪守法，遵守道德职业操守，还要讲究个人的品德与美德。对公司内部的一些人或事需要守口如瓶，这是作为一名员工的基本素养。

★保持自尊，赢得他人的尊重： 要有意识地保持自尊，在办公室要保持自己的良好形象，表现出优雅女性的素养与品位。处理公务应公私分明，懂得什么是大局和个人情感，不在工作中感情用事。还要爱惜公司的财物，防止贪占行为。工作难免纷繁，要注意合理安排，做到条理分明、轻重有别，尊重他人的时间和劳动成果。

良好的人际关系应从善待他人做起

★与同事相处：要做到平等相待，不偏不倚，不在同事间搞宗派、分圈子，避免造成同事间的反感，影响同事之间的关系。与同事应是君子之交，要豁达大度，相互信任。同事是工作的伙伴，应相互关心、帮助，在他人需要时挺身而出，不应抱怨。在处理同事间关系时要掌握好分寸，不要太过热情，不要太多地涉及他人的生活，避免引起反感。工作时还应虚心学习，对他人的能力给予肯定，并学其所长补己所短。要团结，对人以诚相待，敢于批评与自我批评，切不可自高自大，对他人的工作指手画脚。

★与上司相处：要服从并配合领导的决策，如有异议可以单独提出，并给出建议性意见，不可阳奉阴违地大唱反调。工作中要维护公司的形象，还要有意识地维护上司的威信，做到不议论、不顶撞或指责上司，在工作场合要时刻恭敬地对待上司，对待批评要虚心接受。

★与下属相处：对下属安排好工作，就要给予充分的信任，做到疑人不用、用人不疑，给他们更多的发挥空间，除必要指令外，不限制与干涉他们的工作。对下属的工作安排，应做到量才使用，考虑好他们的工作经验是不是可以完成你所交给的任务，这才是科学的管理方法。领导要懂得尊重下属，做到礼贤下士，尤其要尊重他们的人格。下属在工作中如需帮助，应伸出援助之手，为之排除所难。

Carmen魅力说：与异性相处时关系的处理是十分敏感的，要懂得尊重异性，不可有性别歧视，努力做到彼此包容与配合，学会与异性打交道。与异性相处还要掌握好分寸与尺度，关心要有限度，要保持好距离，切勿举止不尊，或出现其他不当之举。

优雅Tips：细节决定成败

★在办公室

女性的优雅来自举止的落落大方、庄重、自然，更源于职业素养与内在风度。如走路时，步子要稳重，速度要适中，不要慌里慌张，大步流星地走，这会让人觉得你不可信任，做事毛手毛脚。处于座位时，更应端正优美，注意双膝并拢，不可趴在桌上，给领导和同事以懒散的印象。

★交谈

注意与他人交往间的言辞应合乎礼仪，要多说“谢谢”，且不要用批评的字眼，不随意用诽谤的言语对人，不对他人随意地批判。

★细节

进入上司办公室应先敲门，得到允许后再进入，离开时应将门关上，这是基本的礼仪常识，也是需要注意的关键细节。

第 17 堂课
拉近世界的距离：电话、通信礼仪

无论多么遥远，你我的距离只在一线间。

——Carmen

电话是现代通信必需的工具，它具有传递迅速、方便以及高效的特点，已是现在人们交往所不可或缺的。但是如果不懂得电话礼仪的要求，就很难完成工作，还可能损害个人及公司的完美形象。

微笑有礼地通话

将时间选择好，一般最佳的通话时间都是经双方约好的，或是在对方时间方便时。除了有特殊事件外，不在他人休息时打电话，以免影响他人休息，一般早上七时、晚上十时、用餐时间或节假日时，都不是打电话的好时机，应尽量避开。若是给国外的朋友打电话，应先查询时差，不要给他人造成影响。

电话拨通后，对方如果在开车或是开会，应该约其他时间再打过去。打电话的时间一般在三分钟内，要长话短说，不要说一些无用的话或无关的事，最长的时间也不要超过五分钟。电话接通后，应先询问对方是否有时间或是否打搅到他人。通话的时间也应征求对方的意见，若通话时间很长，在结束时应表示歉意。

如果有急事要在对方休息或假日时打电话，这一定会影响他人，所以要先致歉，并说明缘由。

通话时要讲究文明用语，通常电话接通会用“您好”，然后再讲述事情的主题，千万不要接通电话就说“喂”，或是在别人还没有准备好时就先将自己的事说出来。先提出问候，再介绍自己，通话结束准备挂断时要说“再见”。注意在通话时的举止与态度，尽量用礼貌用语“请、麻烦、劳驾、谢谢”之类。

通过你的声音对方完全可以感觉到你现在的表情，所以打电话时语气一定不要太生硬，应面带微笑，这样易让对方感觉到亲切。

在公共场合打电话要注意自己的举止应文明，不要大声吵嚷。在通话结束时也应举止优雅，即便对方言辞无理，也要轻轻放下电话。

打电话时，吃东西、嚼口香糖或是喝饮料都是非常不礼貌的。通话时，还应将周围的环境处理好，尽量不要有嘈杂的声音，以示对通话方的尊重。

接听电话的礼仪

当电话响起时，应在铃声响起两声时，拿起话筒。如果手上有工作，一定要停止工作亲自接听。因某些原因，在电话铃响过三声后才接听电话，应向对方表示歉意。

接听时要聚精会神，不可心不在焉。如果电话出现故障而中断，应静心等候对方再次打来，不要急于离开。

生活中，我们总会有几次接到别人打来的错误电话，这时要有耐心地向对方道明情况。如果可以帮到对方的要尽力去做，不要发怒责怪别人。

接听电话时，尽量保持周围的环境安静，不可与身旁的人谈话，如有要事必须说时，应捂住话筒。

来电话时有客人在或是参加会议，应向对方说明缘由并致歉，可再约定时间或待事情处理完毕亲自打过去。

结束通话后要说“再见”，以示尊敬，并等待对方先挂电话，再轻轻放下话筒。

代接电话礼仪

如果接电话时，对方要找其他人，应向其说明他不在并给予一些帮助去通知或告知可联系的方式。注意以礼相待，不要一听不是找自己的就不耐烦。不大吵大叫，听到找别人的电话要先温柔地说：“你要找的人现在不在公司，有什么需要，我可以替你转告他。”或是向对方询问是否需要留下姓名、电话，以方便他人联系。电话内容涉及别人的隐私时，不要宣扬，对于所要传达的信息应及时地转告给他人。

Carmen魅力说：在接听电话时要养成一种好习惯，如赞同对方，沟通时尽量用对方的语言赞扬。要有技巧地让自己成为一个好的倾听者，学会机智地运用语言技巧。

优雅Tips：做一个温柔的倾听者

★打电话

说话要清晰，用自然声并且字句准确，在嘴唇和话筒间保持两厘米的距离。

首先要使用敬语或合适的打招呼方式。可选择时间问候，如“早上好、下午好、晚上好、您好”等。直接说“喂、什么事”等，都是不礼貌的、缺乏专业性的表现。无论对方是谁，你都要让对方感觉到这次通话是友好的。

问候语之后，应主动报公司或部门名称，如：“您好，这里是××公司，我是××，有什么需要我帮助的吗？”

★聆听

无论你在做什么，听到铃声的第一时间就应该接起，并做好记录准备，专心地听取对方的表述。在整个聆听过程中，耐心是不可少的，不要被对方的情绪所影响，有时对方会因某些事而生气，这时不要有成见，工作中的电话，对方所针对的只是个别情况而非个人，你要显示出你的专业性与耐性。

★结束语

如果对方迟迟不肯结束通话，你可以说：“还有什么可以帮到您的吗？”或者说：“很高兴与您通话，再见！”一定要等对方讲完话再挂断电话。

第 18 堂课
美丽你的第二张脸：名片礼仪

从优秀到卓越，有时你差的就是一点点魄力！

——Carmen

作为职业女性或是企业经营者，你有自己的名片吗？如果还没有，那你真的落伍了。要知道在中国的西汉时期，就开始流行使用名片了，中国古代称为名刺，是标示姓名及其所属组织、公司单位和联系方法的纸片。

名片是一个人身份的象征，现已成为社交活动中的重要工具。名片是使你认识新朋友最快最有效的方法。交换名片是商业交往的第一个标准官式动作，所以名片的递送、接受、存放更要注重礼仪。

名片设计礼仪

一般的名片都有统一的规格，如果你从事广告或是时尚行业，在名

片设计上可以标新立异一些，这样更能引起收名片人的注意。

女士名片质地要选择精致美观便于保存的，在颜色方面，可以根据你所从事的行业来进行选择，普遍使用的名片以朴素庄重为主，如米色、白色、淡蓝色等。

名片的文字宜用简体，尽量不用繁体字。如果是在少数民族或境外地区使用，可酌情加以对方民族的文字或外文。

名片的印刷版式分为横式、竖式，中外名片以横式为佳，较易于辨认。在印制名片时，如果用两种文字来制作同一名片，要避免一面出现横式，另一面出现竖式。

了解名片分类

名片分为应酬式、社交式、公务式和单位式。

应酬式：在社交场合交友所用，是说明身份、馈赠或用作便条的。通常在名片上只印有个人的姓名，最多加上本人的字号与籍贯。

社交式：联系方式的一种，印有个人姓名与联系方式。这里包括住宅电话、家庭住址或邮编等内容，一般不会将个人的公办地址写在上面，表示公私分明。如果不想被人上门打扰，就不要把住宅电话与家庭住址印在上面。

公务式：在商务、学术等正式业务交往时所应用的个人名片，也是最为常见的名片。它主要由三项构成，即单位、本人称呼、联络方式。

单位式：是单位对外推广或宣传活动所用的，主要由单位全称或标识、联络方式构成。

名片的准备

1. 名片应足量适用。基层公务员携带的名片一定要数量充足，确保够用。如果有两种以上不同的名片，要根据不同交往对象来使用名片。

2. 名片要保持干净整洁，不要出现褶皱、破烂、肮脏、污损、涂改的情况，这样送出去会让人觉得你很没礼貌。

3. 名片要统一放在名片夹、公文包或上衣口袋里，在办公室时可放在名片架或办公桌上。不可随便放在钱包或是裤袋之内。放置名片的位置要固定，以免需要名片时东翻西寻，显得毫无准备。

名片的递送礼仪

★时间

一般在准备认识对方、被介绍给对方、对方向自己索要名片、对方提议交换名片、打算获得对方的名片、初次登门拜访对方这六种情况下递送名片，当然要看实际情况而定。

名片务必要在交往双方均有结识对方并想互相联系的前提下才递出。可以通过“幸会”“认识你很高兴”等一类谦语以及表情、体姿等非语言符号体现。如果双方或一方并没有这种意愿，不必互递名片，避免产生故意炫耀、强加于人之嫌。

递送名片要掌握适宜的时机，可选择在初识之际或聚会分别时，不宜过早或过迟。不要在用餐、看表演、听讲话时发送名片，尽量不要在大庭广众之下向多位陌生人发送名片。

不需要把自己的名片递给对方，或与对方交换名片的情况有以下几种。

（1）对方是陌生人且不需要长久交往。

（2）不想认识对方或与对方深交。

（3）对方对自己不感兴趣。

（4）与对方地位、身份、年龄差别悬殊。

★人物

（1）出示名片的顺序：职位低的人先向职位高的人递名片；男士应先向女士递名片。但在多人之间递交名片时，不以职务高低决定发送顺序，可以由左向右逐个递送，不要有遗漏。

（2）先向对方打招呼：递送名片前，应当先向接受名片者打个招呼，介绍一下自己，也可以说“对不起，请稍候”，然后递上名片，以便让对方有所准备。

（3）谦恭有礼：在递交名片的过程中，要郑重其事。起立或欠身用双手递送名片，面带微笑，注视对方，双臂自然伸出，四指并拢，用双手的拇指和食指分别持握名片上端的两角送给对方，名片正面朝上，文字内容正对对方，也可以在递送时说“我叫 ××，这是我的名片，请多关照”之类的客气话。自己的名字如有难读或特别读法的，在递送名片时最好说明，递送名片时目光不可游移或漫不经心。

（4）如拜访顾客时对方不在，这时你可以将自己的名片留下，这样在他回来后发现了你的名片，便知道是你来过了。名片还可当作请柬来用，如把印有地点、时间的名片邮寄出去，这样会比电话或口头邀请更加正式。如果你想与顾客拉近关系，可以送他一些小礼物，在让别人转交时附加一张名片在里面，再随带几句恭贺的话语，必定事半功倍。

接收名片礼仪

态度谦和：接收名片时应起身或欠身，面带微笑，双手接住名片下方的两角，接过名片后需致谢或者说“能得到您的名片，十分荣幸”，等等。

认真阅读：认真查看名片以示对对方的重视，可将对方的姓名职衔念出声来，并抬头看看对方的脸，让对方产生一种受重视的满足感，如有不会读的字，应当面请教。

精心存放：将收到的名片优雅地放进名片夹、公文包、办公桌上，不要与自己的名片在一起。如果接收到名片一眼不看就随手放在一边，或放在手中随意玩弄，会让人觉得很不礼貌。名片不要拿在手中搓来搓去，不要当场在名片上书写或折叠名片，这会伤害对方的自尊，影响彼此的交往。

如果交换名片后需要坐下来交谈，应将名片放在桌子上最显眼的位置，过十几分钟后拿起名片很自然地放进名片夹，忌用别的物品压住名片或在名片上做谈话笔记，离开时记得带走。

第一次见面，同时接收几张名片，要记住名片的主人是谁，如果是在会议席上，在休息时可以拿出来，排列次序，和对方的座位一致，这种动作同样会使对方认为受到你的重视。

接收对方名片后，如没有名片可交换，应向对方表示歉意、主动说明，告知联系方式，“很抱歉，我没有名片”“对不起，今天我带的名片用完了，先给您留一下我的联系方式”，不可没有反应。

索要名片礼仪

一般情况下，不要直接开口向他人索要名片，如想主动结识对方或者有其他原因有必要索取对方名片时，可采取以下方法。

★互换法：以名片换名片，在主动递上自己的名片后，对方按常理会回给自己一枚他的名片。如果担心对方不回送，可在递上名片时明言此意："能否与您交换一下名片？"

★暗示法：用含蓄的语言暗示对方，如向尊长索要名片时可说："请问今后如何向您请教？"向平辈或晚辈暗示时可说："请问今后怎样与您联系？"

★主动法：可主动提议"某先生，我们交换一下名片吧"，或"您方便的话，请给我一张名片，以便日后联系"。

面对他人的索取，尽量不要拒绝，如果不愿给，拒绝不应太过直接，可向对方解释自己的名片刚用完，或说自己忘了带名片。但若自己手里正拿着名片或刚与他人交换过名片，显然不说为好。

优雅Tips：名片的整理

参加一次会议或活动后，会收到许多名片，应及时把这些名片加以分类整理收藏，以备使用。不要随意夹在书刊、文件中，更不能把它随便地扔在抽屉里面。可以把对方的特征、兴趣爱好，以及接收名片的地点、时间、所谈的话题等记录下来，和名片放在一起，方便以后开展工作。下面推荐几个好方法。

1. 按姓名拼音字母分类。

2. 按姓名笔画分类。

3. 按部门、专业分类。

4. 按国别、地区分类。

5. 输入商务通、电脑等电子设备，使用内置文档等方法。

第 19 堂课
恭而有礼的女子交友必诚：见面礼仪

君子敬而无失，与人恭而有礼。

——《论语》

在社交或是商务场合中，见面礼仪必不可少。初次见面应微笑，在眼神中保持柔和的光线，给人一个好印象，要用真实、自然的态度拉近距离，这样才更容易被对方所接纳。

穿着得体就好，与人谈话语速要放慢。谈话中尽量用“是、当然、没错”等肯定的语气，不要用命令式的语句，以便让新朋友能感觉到被尊重并且心情也会放松。

自我介绍

通常在参加会议、酒会或一些业务洽谈时，需要自我介绍。当你觉得有必要介绍自己时，应先用眼神给对方提示，也就是说在说话前要以

眼神与对方交流，这样不会让人觉得太唐突。还要掌握气氛和说话的方式，要让人觉得舒服和愉快。如果因紧张而说错了话，可以友善地纠正，并用有趣的语言让别人记住你的名字。

不要提出令人不愉快或尴尬的问题与话题。因为是初次见面，你可以提出一些可能被对方肯定的问题，或巧妙地谈论对方的爱好、兴趣及工作等。成功的初次会面是自然地交谈，让双方都表现出应有的兴趣。要避免一些敏感的、不宜交谈的话题。如果在某一场合，你有很多人要结识，那么在与一个人谈论几分钟后，应结束谈话再去结识其他人，这样你才会认识更多的新朋友。

介绍他人礼仪

★介绍的顺序

按照国际惯例，见面介绍“尊者有优先知情权”，所以在介绍时位置较高、最受尊重的人，应该先知道对方的情况。以下介绍的顺序一定要遵循。

（1）把职位低的人介绍给职位高的人。

（2）把晚辈介绍给长辈。

（3）把年轻人介绍给年长者。

（4）把男士介绍给女士。

（5）把未婚的女士介绍给已婚的女士。

（6）把自己最亲近的人介绍给较疏远一点的人。

在对他人进行介绍时，要将其名字讲准确、讲清晰，这是对他人的尊敬，以免以后因名字不清楚而产生不必要的误会与尴尬。

应该这样来介绍，先叫职位高、长辈、主人、已婚者、尊者或亲近的人的姓名，介绍为："××，请允许我为您介绍，这位是 ××。"如果对方有职务，可以称之为"×× 董事长"。

在做介绍时，应该提前向双方打招呼，让对方有所准备。在别人介绍你的时候，把你的信息说错了，你要风趣地加以纠正。

★介绍姿态与禁忌

（1）身体要立直站稳，面带微笑，与被介绍双方站姿成三角形。

（2）手势采用"横摆式"引导手势：一只手臂抬起，掌心向上倾斜，五指并拢，面向被介绍方。

（3）忌用食指指人或用手拍被介绍人的肩膀。

（4）不论身份职务，要一视同仁，尊重对方人格。

（5）介绍他人时，不宜直呼其姓名，即便是亲爱的朋友，也不可称其小名或绰号。

（6）介绍完毕，可以花一点时间引导双方交流，体现出你的周到与体贴，不要马上离开。

握手礼

握手是大多数国家见面或分别时相互致意的礼仪，还是见面方祝贺、感谢、安慰或相互鼓励的一种肢体表达。如对方取得某些成绩与进步时，赠送他人礼品，以及发放奖状、奖品、发表祝贺词之后，都可以握手来表示对对方的祝贺、感谢、鼓励。

鞠躬礼

在与日本、韩国等东方国家的外国友人见面时，行鞠躬礼表达致意是常见的礼节仪式。鞠躬礼分为 15°、30° 和 45° 的不同形式，角度越大，向对方表达的敬意越深。在特定的群体中，应向身份最高、辈分最高的长者行 45° 鞠躬礼，身份次之行 30° 鞠躬礼，身份对等行 15° 鞠躬礼。

名片礼

初次相识，往往要互呈名片。呈名片可在交流前或交流结束、临别之际，可视具体情况而定。递接名片时最好用双手，名片的正面应朝着对方，接过对方的名片后应致谢。

脱帽礼

喜欢戴帽子的女士，进入主人房间时，必须脱帽，在一些庄重、正规的场合应自觉脱帽。

拥抱礼

拥抱礼是多用于官方、民间的迎送宾客或祝贺、致谢等场合的社交礼仪。两人相对而立，上身稍稍前倾，各自右臂偏上、左臂偏下，右手环拥对方左肩部位，左手环拥对方右腰部位，彼此头部及上身向右相互拥抱一次，最后再向左拥抱一次。

亲吻礼

行亲吻礼时，会有一定程度的拥抱，不同关系、不同身份的人，相互亲吻的部位不可相同。在公共场合和社交场合，关系亲近的女子之间可以吻脸，男子之间是拥肩相抱，男女之间一般是贴面颊，晚辈对尊长是吻额头，男子对尊贵的女宾可以吻手指或手背。在许多国家的迎宾场合，宾主往往以握手、拥抱、左右吻脸、贴面的连续动作，表示最真诚的热情和敬意。

Carmen魅力说：握手礼仪一定要注意细节。如去参加聚会，应先与主人握手，再与其他人握手，道别时也应先与主人握手道别并表示感谢。有时，我们会遇到一些尴尬的事情，如你要与对方握手，而对方并未意识到你的举动，这时就要微笑着收回自己的手，就像没发生任何事一样，不必显得很尴尬。

优雅Tips：见面时的称呼

你可以用一些有趣又简单的方法来编排自己的名字，这样会给人印象深刻。在介绍完毕后，你可以按照他告诉你的称呼来称呼对方，或者对方没提怎样称呼时，你可以加上姓礼貌地去称呼他，以表示尊敬。

交谈时，也可以学一下西方人，他们总是把对方的名字放在每一句话的首位，这样会让对方觉得你与之很亲密，就像你们是多年的老朋友一样。

第 20 堂课
慧质兰心的气场女性：沟通礼仪

如果你要使别人喜欢你，如果你想他人对你产生兴趣，你注意的一点是：谈论别人感兴趣的事情。

——戴尔 · 卡耐基

沟通是一门交谈艺术，是用你的情感与思想的交流，让别人喜欢你、信服你的一种方式。人们在人际关系上常存有以自我为中心、多疑、羞怯、孤僻、嫉妒等问题，人际关系不和谐的女性，其个人的成长及其未来的成长会因此而受到严重的影响，或者可以这样说：一位女性人际关系协调能力的高低，代表了她的心理成熟程度，也决定了她的心理健康水平。

委婉地讲话

委婉是在讲话时不直接将语言的本意说出来，而是运用一些暗示或

某些词汇，暗示要具有说服力与感染力，这一方式是女性最善用的说服别人的方法。

委婉是一种婉转而清晰的表达艺术，它可以诱导对方领会你所讲话的含义。在心理学中，这种含蓄的话都适应对方心理的自尊感，让沟通方乐于接受与赞同你的说法。

如果你想要说服他人，就要试着用心去理解他人，要维护他人的自尊。在运用委婉说词时，要注意使你所讲的话让人听得懂，避免造成误解而影响效果。

沟通艺术

1. 要勇于表达，无论在什么场合下，梳清了条理和语言的头绪就勇敢地去表达。但是在表达前，要选择好语言的切入点，不要心急。

2. 要先了解对方，每一句话都要说到他的心里。可以先做功课，了解对方的喜好和习惯。在沟通时要懂得察言观色，知道什么时间该说什么、不该说什么，对于他人所说的话也要明白其真正的含义，听一下是不是有弦外之音。最重要的一点是要投其所好，谈一些对方喜欢和感兴趣的话题。

3. 说话也是有技巧的，不是什么都可以说，要讲究分寸，更不要乱了分寸。有些时候一些实话不一定非要说出来，这样是不好的。对于一些有纷争的讨论事件等，应该学会让人三分，不要引起不必要的争论，这样有失礼节。

4. 谈话最重要的是真诚以待，一些话说到情深之处会让两人感觉情谊颇深，所说的每一句话都觉得通情达理。

5. 多说一些好听的话，多多地赞美他人，但是要发自内心地表达。在表达时要紧扣主题，不要使赞美的话让人听起来就是虚伪的，要学会隐形赞美，这样才会显示出最佳效果。

6. 含蓄地交流会让你们的谈话持久，有时忠言不一定是真的逆耳，良药也不一定就非是苦口的，学会利用委婉的言辞给对方面子。

7. 在不同的环境说话也要有讲究，如在异境就应随当地的习俗进行交流，要注重自己的表达方式。

8. 会说话首先要会倾听，这是必要的前提，可以在听中找到谈话的素材。只有耐心地倾听他人的讲话，才能把他的思想渗入心里，有时倾听更受欢迎。

Carmen魅力说：要自信地运用文明语言，尊重对方；亲切而诚恳的态度；举止大方又有清晰的思路，流畅地交谈。

与陌生人交谈

1. 调整呼吸：在与陌生人交谈时总会有语言发颤的现象发生，这是由于情绪紧张造成的，话一说出来就会给人支离破碎的感觉。这时你可以利用自己的呼吸来调节一下，先深呼吸几次，待平稳后再说话，这样声音便不会颤抖了。这一方法还会让你的头脑更加清醒，思维更加敏捷。

2. 集中精神：注意说话时千万不能走神，要让大脑保持高速运转的模式，这样才会有更多更好的佳词妙语流出。在听他人说话时，更要专注一些，尽量捕捉对方的表情与眼神，并做出相应的反应。如同意对方的说法时点头，可以以微笑来表示，让对方觉得受到了很大的重视，情绪也会随之高涨，同时你的情绪也会被感染，将刚刚的紧张都驱散，使自己能全身心投入你们的对话中。

3. 在与陌生人交谈时，不要故作清高，平时怎样说话就怎样说，这样会显得更加自然、舒服。

4. 初次见面时可用一些敬语，一旦话题展开就不要再使用这些话了。如果你总是把“谢谢、请、您”等词汇挂在嘴边，就会显得很见外，造成双方关系的生疏，有些礼貌是必需的，但是太过礼貌反而会让人觉得不自在。

5. 幽默是人际交往中最常用的，它能够起到缓解紧张气氛的作用，而幽默也是需要高级技巧的，只有灵活的思维配上风趣的内容并加以动作、手势等，才会有良好的效果。与陌生人交流时如果没有这种高超的交际能力，最好还是不要用，以免弄巧成拙，引出不必要的麻烦。

优雅Tips：沟通禁忌

沟通中不可太以自我为中心，如女士们主观意愿太强、自我表现过胜，说话就会太过矫揉造作。

不可过于内向，太好面子，这样会出现很多自己无法解决的问题，可向同事或领导发出求助信号，而不是自己任凭主观意愿来解决问题，否则问题没有解决，还会造成更多的麻烦。

如果非常想表现自己的能力，总是想尽一切办法来突显自己，这样容易让人觉得很轻浮。这种自我表现形式是被人排斥的，有时还会引起身边人的厌恶情绪，从而影响团队的效率。不妨把你的精力放在你的工作上，努力获得他人的认可。

出色的职业女性懂得以谦虚优雅的沟通方式获得良好的人际关系，也获得同事及领导的信任与尊重。沟通中不宜锋芒太露，适当地淡化自己的成就，收起一些女强人的锐气，才更容易收获好的关系。

第 21 堂课
优雅女人的知性魅力：会客礼仪

顾客是上帝，我们不断在顾客与上帝的角色中交换。

——Carmen

用心服务他人，同时也接受他人用心的服务。有客来访，事先已预订的就要做足准备。

家中会客礼仪

首先要整理好妆容，将居室清洁干净，准备好待客的用品，包括用具、水果等，有心情时可以买一束鲜花插进花瓶里，体现作为女主人的精致与情调，营造出良好的会客气氛，必定能让对方有“宾至如归”之感。

客人来了，不论是新友还是上、下级，都要一视同仁，热情接待并亲切地招呼。请客人坐上座，自己一旁陪同，并送上清茶，送茶时用双手递出，并执以杯柄，如果用手指捏住边缘，会让人觉得不卫生、不礼貌。

在交谈中，随时为客人添茶。远道而来的客人应根据情况留宿，且不要随意地去打扰客人休息。

商务会客礼仪

在商务会客中，举止仪表展现的不只是个人的素质，更代表着一个企业或公司的形象。作为会客接待者，要以百分之百的热情迎接来客，让他们感受到你的友好态度。懂得会客的重点是给予对方尊重，有客人来时，无论你在做什么，都应该热情地打招呼，要起身相迎，还要表现出自己的诚挚与友好。

来客时，如正在打电话，可以用点头来示意。若作为文秘接待来客，不要擅自带领客人直接去见领导，也不要断然挡驾，应先通报，获得许可后才能进入。如果客人提前来访，可以先让他等候一下，并表示歉意，为他准备座位并附上一些杂志或报纸等供其阅读，这样的待遇会使客人对公司留下良好的印象。

职场女性在会客时应注意一些事项。在问候时可将其姓名一起提出，你可能会在进入会客厅时先说：“你好，很高兴见到你。”但是这样说有些生硬，可以换个说法，如：“王经理，你好！真的很高兴能见到你。”这样感觉要比之前的话语热情得多。

在带客人去见领导或上司时，要先为客人带路。可在客人前方大约两到三步远的距离，靠边做引导。此时要留意他的步伐，在走到拐弯处时应暂停并以手指示方向。

在乘电梯时要先按电钮后，示意客人上、下电梯，开关门时要注意手的姿势，不交叉或背手。为了保持姿势的优美，会客室门把手在右侧时用左手开门，在左侧时可用右手开。

将客人引入会客厅后，用优雅的姿势邀请客人入内。选好座位，让其坐于客人的位置。以东方人的待客之道使客人的位置面对大门，或向南方，此处为上座。如果有多位访客，可由地位依次入座。如果是西式会客厅，最远的位置便是上座，一定要掌握好这一规律。

送茶礼仪

送茶是礼貌的象征，如果态度不好，就会导致糟糕的效果，所以平时要多练习与理解它的基本方法，以免出现不必要的疏忽。

倒茶也是有讲究的，要浓度适中，每杯茶都要装得七成满，温度一般不宜太高，大约在七八十摄氏度。几个人同时喝茶时，茶杯的款式要一致，在处理过程中注意不要把托盘或茶垫弄湿。

托盘的高度要与胸齐，奉茶的顺序可从上位者或来客起，在访客的左侧奉茶并左手端、右手托。将茶放在客人的右前方，不要弄出声响，并附加“请您慢用”。若不小心将水溅出，要适当地处理，放慢速度，不要慌张。

谈话

与客人谈话讲究礼仪风范，要自然地表现出自己的素质。谈话时态度要诚恳；语调要开朗、明快；声音要适当，不可太高，也不可太低；能够正确地使用敬语；学着用一些高尚的词汇；不要重复已叙述过的事情；不要用借口或敷衍的词语，保持适当的幽默。在表达自己的意愿时，要有逻辑性，说话应简明；可开门见山，直接切入要点；在商业场合，不随意发表个人情感；谈话的发音要清楚，速度要适中，有时也可在中间微停；尽量使用专业术语，表达要清晰，避免不必要的误会。

Carmen魅力说：会客结束后，应与其礼貌地道别，并握手表示感谢他的拜访。

优雅Tips：会客礼仪，细节决定成败

如果你是前台接待，要特别注意个人形象与素养。前台接待人员是企业的“形象代言人”，因此，前台接待人员的坐、立、行、走要端正自然，保持良好的精神风貌，体现公司员工的整体素质。以下几点需着重培养。

★要有良好的职业形象和气质，懂得基本的前台接待礼仪。

★普通话标准流利，语言表达能力强，善于沟通，有亲和力，有较强的保密意识。

★熟悉行政、办公室管理相关工作流程，有良好的沟通、协调和组织能力。

★熟练使用办公自动化设备及办公软件。

★有良好的团队合作能力，具有高度的责任心，工作积极主动。

第 22 堂课
真诚邀约方显礼数：邀请礼仪

当你身处顺境，只在接受邀请才来访，而当你身处逆境时不邀自来的人，才是真正的朋友。

——奇奥佛拉斯塔

邀请也称为邀约，是一种双向的约定行为。当一方邀请另一方或更多的人来自己的地方约会，或出席某活动时，不是凭自己意愿行事，而是需要被邀的一方同意。同时，作为被邀请者，应将此次的约会当作正规的商务交往看待，要表示出尊重的态度。

对邀请者来说，只要发出邀请就意味着一种很强的礼仪性的通知，不仅要合乎礼貌，更要给人以良好的回应，要符合双方各自的身份和关系的现状。

邀请一般分为正式与非正式的邀请。正式的邀请讲究礼仪，还要想办法让被邀者备忘，多用书面的形式。非正式的邀请则为口头形式，与正式的相比，它显得特别的随意。

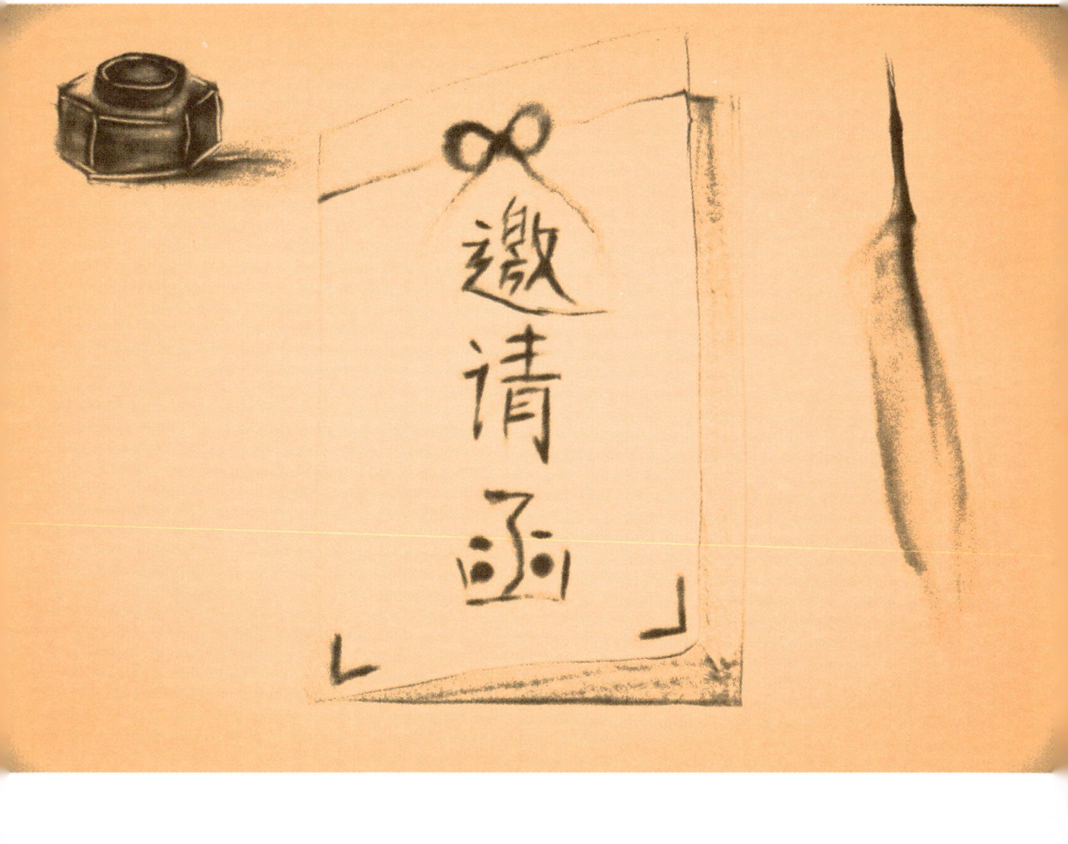
邀请函

正式的邀请分为请柬、书信、传真及便条式的形式，它适合商务的交往所用。非正式的则有当面、托人或打电话等邀请形式，这些多用于商界非正式的接触中。

正式商务邀请礼仪

在正式的商务礼仪往来中，必须应用正式的邀请形式。

★请柬形式：此形式属高档次的邀请模式，也是商界人士最常用的方法。一些精心组织的大型活动或仪式，如宴会、发布会等，只有用请柬的方式进行邀请才会被相应的人士所重视。请柬又称作请帖，它由正文与封套组成，不管是买来的成品还是自制的，在格式上通常有统一的标准。

请柬一般都是在正文处用纸或厚纸对折而成。如横式的请柬对折后以左面外侧为封面，右面内侧是正文行文处。大多请柬是以红色为主，并标有“请柬”二字。请柬的内侧可以用红色或其他颜色，忌用黄与黑两色。如果在请柬上用笔书写时，要选用钢笔或毛笔，用黑色、蓝色来书写。红、紫、绿、黄或其他较鲜艳的颜色不要使用。

现在应用最多的请柬，是以横式请柬为主。行文自左而右、自上至下地横向写出。另外一种竖式的是自上而下、自右至左地竖写，中国传统礼仪常以竖式为主。

请柬的内容，一般包括活动的形式、时间、地点、要求以及联络方式和邀请人等。请柬的左下方会有一个“备忘”，这是在提醒被邀请者不要忘记参加的意思。在国际上常有这一习惯的做法，而西方所写的“备忘”是法文缩写“P.M.”。

在请柬的正文中一般不写被邀请人的名字，而是在封套上注明，所以在正文中不会重复出现。

对外交往的请柬中，应用英文书写。它的惯例是在行文中全部都要用大写，不分段，不用标点，使用第三人称。在封套上要将被邀请者的姓名清楚端正地写出，以示对其的尊重，也是确保请柬能够顺利送达。

★书信形式：这是一种与熟悉的人之间使用的邀请方式，比请柬要随意一些。内容是邀请，措辞不拘束，要求言简意赅，在说明问题时还要表达出友好。如果可以的话，要打印出来由邀请人亲自签名。正规的邀请信也称邀请函或邀请书，它的装帖和款式不必太考究，封套的写作和书信有些相同。

★传真形式：它是指利用传真机的形式发出邀请，在具体的格式与文字上与书信邀请的方式基本相同，它属于现代化的通信设备，传递速度快，不易丢失。

★便条形式：这是一种最轻松自然的邀请方式，是在商界人士个人接触时采用的邀请，便条邀请是在便条上把所要邀请的内容写出来，然后请人代交或留交给被邀请者。这是书面形式中最随意的方式，也是最受好友欢迎的邀请。

便条邀请在内容上并没有太高的要求，只要写得清楚就可以。选用的材料是干净、便利的纸张。常规邀请客人的便条不论是代交还是留交，都要放在信封中共同送出，不要让它赤条条地来去，这样不合礼仪要求。

Carmen魅力说：无论是以哪种形式展开的邀请，都要做到越早越好。一般会在一周之前送达对方的手中，可以让他人有准备。千万不要让人措手不及，给对方逼迫感，这是对他人极大的不尊重。

一般在书面邀请行文中，会有“如蒙光临，请予函告”“能否出席，敬请答复”或“盼赐惠复”等。为了保证信息无误地送到被邀者手中，书面正文结束后，在左下方会将邀请者的联系方式具体详细地提供给被邀者，包括联系电话、电子邮箱或网址、传真号、邮政编码、联络地点或通信地址等。这些内容可选几项重要的列于函内，而联系电话或咨询电话这一项必须填写。

优雅Tips：邀请礼仪细节

★认真对待每一个邀请：不管是哪种形式的邀请，都是经过邀请者的慎重考虑后才会发出。所以在接到邀请时，也应及时正确地予以处理。不管你能不能接受，都要按礼仪的规范回馈于礼，给其明确而合理的回答，或应邀，或婉拒。千万不要置之不理或草率从事，这样不合乎商务应邀的礼仪。

★要及时给出反应：在接到邀请后，就要认定邀请者是真心希望自己可以如约而至的。对方的邀请，特别是以书面形式的邀请，可以说是对应邀者的友好与尊重，所以在接到邀请后，应礼貌地做出反应。

★对邀请要准确地回复：为了让邀请者对自己的行为无失误，所有的被邀者在接到邀请后，都应尽早把自己的决定通知给对方，以示礼貌与重视。

★回邀礼仪：对书面的邀请一般会有书信的形式给予回复，在商务中称作回函。这个书信要亲笔书写，以表示对其的重视。如果是打印的，也要有亲笔签名。不管是接受还是拒绝，都要在接到邀请函的三天内回复，回复得越早越好。

回函中应对邀请者的友好邀请给予明确的答复，如拒绝，要讲明理由。形式上可以参照收到的书面邀请函的格式，在人称、语气等方面都类似于邀请函。为了不出现错误，要把时间与地点重复一下，以便核实。写拒绝函时就不必这样做了。一旦答应赴约，就要履行承诺，不要失约，临时取消会给他人带来很多的麻烦，除非理由充分，如生病、出差等可采用拒绝。但是别忘记向邀请者表示歉意，附加祝贺词，预祝活动圆满成功。

第 23 堂课
知礼识仪必定备受欢迎：拜访礼仪

不要等待机会，而要创造机会。

——拜访者

家庭拜访礼仪

拜访应提前预约，以便于主人做好准备，如果不先打招呼就去拜访，会被视为失礼的行为，同时也会给他人带来麻烦。拜访的时间宜选在主人方便时，如上午十时或下午四时为最佳时间，要尽量避开主人午休或吃饭的时间，也应避开早晨上班时间。一般做客的时间不宜太长，大约在半小时，如发现主人有倦意，应提前告辞。不要因主人热情挽留就忘我地谈论不休，以免造成不必要的尴尬。

若与主人约好了拜访的时间，就要遵守承诺，在所约的时间到达，不要让主人等太久。如果有意外情况或因特殊事件而无法前往，也可能

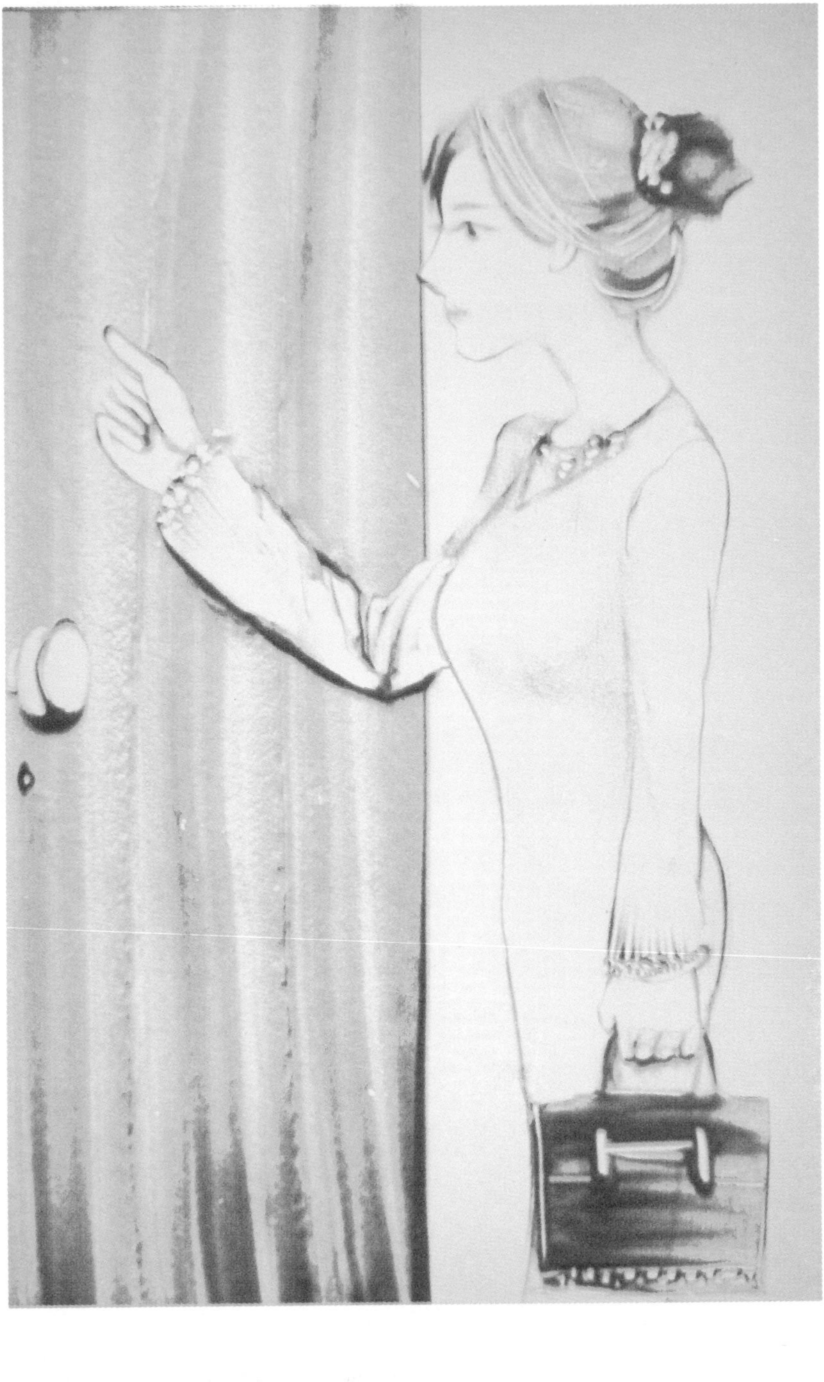

因时间紧迫而发生变动，要提前向对方发出通知，以表示歉意。常规来说，对人随便失约是特别不礼貌的行为。

第一次拜访，最好带一些小礼品或鲜花。要精心包装，或以彩带等做成美丽的花结。如果关系较熟的，可以不带礼物，但是遇到特殊约会或有重要节日时，还是带一些礼品较好。注意，不要在对方家附近买，这样如果被发现，会让人觉得你很没有诚意，不礼貌。

应投其所好选择适合的礼品，选一些较实用或是对方比较喜欢的，拜访女士可以选择鲜花，家里有小孩子的可以送玩具等。

商务拜访礼仪

商务拜访应该提前与对方电话预约，方可前去。

到达对方办公室时，在未得到对方允许的情况下，最好先不要坐下，稍站一会儿。

见面后，不要急于展示你所带的资料或礼物。当你提及后，对方有了一些兴趣时才可以展示出来。当资料中发现问题，对方予以提出时，你应详细地说明。会见时间的把握很重要，你要主动谈话，并珍惜这次的会面，尽管对方已明白你来访的目的，但是你仍有必要再开口对此次会见的目的进行强调与说明。

在谈话时，要保持相应的热情。要避免在谈话时出现分歧，在愤怒无法抑制时，你会失去控制自己与理解他人的能力，这样不但不能解决问题，反而会加剧矛盾，若有此类情况发生，应提早结束拜访。

交流时，要留有一定的时间让对方讲话。对方先讲话时不要打断他，同时要做好准备，在恰当时机给他鼓励。如果你不能聆听别人的谈话，也就不能巧妙地回答他所提出的问题。

在谈话中，要避免出现一些小动作，如玩弄东西、不时地理头发等。面对自己的缺点或过错要勇于承认，在谈论第三者时应有体谅他人的气度。要清楚地表达你的思想，若因叙事无重点，找不到头绪而造成混乱，常会让人对你回避。

如果对方学识不如你时，要注意收敛内心的优越感，避免让对方产生反感。多对对方予以赞佩并表现出诚意与合作的精神，不要表现过度的关心，更不要说教。

拜访结束时，带好自己的物品。告别语应简练，不要在出门后又引发新的话题，这样就无法结束话题告别了。

拜访中的礼仪

进门前需要敲门或打招呼，若门是敞开的，也应询问是否有人在。见到主人应第一时间问候，待主人有请时再进门。简短寒暄时，简报姓名就可以了。正式的话题要在会客正式开始后进行。如果在门口一直谈话，会让主人也很尴尬与苦恼，一般拜访者都会带礼物，长时间的谈话也会让自己不自然。进入主人家后，要保持其室内的整洁与卫生，不要做出对方不喜欢的行为，让对方心生反感。

随身携带的物品或饰品应放在主人指定的地方，不可乱扔。对于主人家的其他成员也要问好，更应长幼有序。若带礼物而来，要恭敬地交给主人并让其收下。

进入主人家客厅的第一时间要判断座位的上下，主人未示意你坐下，就不要随意落座。若是拜访长辈，就要让长辈先坐。落座时要讲究姿势，不要太鲁莽，应轻轻地坐下，不要跷二郎腿。

与主人交谈要用礼貌用语，语气柔和，并认真倾听内容。若有其他客人在旁静静等待，或在你们谈话时又有新的客人来访，不要拉长谈话的时间，要尽快停止，不要让他人久等。

主人不在家，不可乱翻看主人的物品，未经同意更不能随意拿人家的东西，这是基本的礼貌。主人奉茶时，要起身以双手接杯，表示对于主人热情招待的感谢。如果主人以饮料或点心等招待，可以将饮料等喝完，但是对于点心只可稍加品尝。

如应邀去主人家吃饭，要先请其长辈与主人一同，待他们入座后自己再吃。要注意进餐的文明规范，在饭后可向主人表示谢意。

与主人的交谈时间应有合理地把握，如有要事相商，应尽快表明来意，不可浪费时间。第一次拜访一般在二十分钟左右，不要影响他人的休息和正常的生活规律。只有客人走了，主人才会觉得安宁，对这些常礼应该有所了解。

如果想要告辞，要等主人把所讲的事件讲完后再走，不要过于着急，如果在主人未讲述完事件时便要离开，会让主人觉得你对他有看法或有不满意的地方，会造成尴尬的场面。如果意识到主人有其他事要做，应先告辞并说：“时候不早了，先告辞了。”临走时要对主人及家属发出去自己家做客的邀请。如主人相送时，可让主人留步并表示谢意。

Carmen魅力说：应邀时要注意很多的细节问题。在进入主人家中时，如未经主人的允许，不可以随便参观他的家。若主人带你参观住房或院落时，不要随意触动任何摆设及用品。对于主人家的宠物更不可以踢打。在离开时也应有礼貌地向主人表示感谢。

优雅Tips：办公室拜访礼节

拜访前应预约，不可突然造访，要主动和对方联系。可以用打电话、微信或其他联系方式，约定好时间、地点。不可失约，应按时到达，时间要恰当，不宜过早或过晚，提前 5 分钟到其公司是最好的。

若由于某种原因而无法前往，应及时予以解释，再另约时间。在拜访的前一天应打电话进行确认，以免因工作或事务繁忙而忘记约会，这是必要的，也能证明你是一个细心的人，从而给对方留下好印象。

到达对方公司后，应向前台或接待人员介绍自己，也可以递交你的名片，同时说明已事先预约。见面后应先问候，说明来意。待对方让座时，要稳重大方地坐下，并表示谢意。主人请你上座时，可适当推辞或坐下座。尽量不坐在办公座位上，一来影响办公秩序，二来有失身份。

注意在谈话时举止要文雅，谈吐应文明。办公室拜访多为业务拜访，这是工作的地方，所以会有繁多的业务交易，见面后要少说客套的话，转到正题简要说明。拜访时间也要有所掌握，大约在 15 分钟或半小时内。说话时要柔和，待目的达到后对方同意了，要及时告辞，不要影响对方的工作。

如遇到对方在开会或有别的客人时，要主动退出门外，待对方与其谈话完毕请你进去时再进去。拜访结束后，要礼貌地告辞并表示拜访成功，对其热情的接待表示感谢。起身告辞时要向主人表示打扰的歉意。出门后与主人握手言别并让其留步，表示再见。

第 24 堂课
优雅女人的暖心礼：馈赠礼仪

当我们爱别人的时候，生活是美好快乐的。

——列夫 · 托尔斯泰

在公务交往中，馈赠礼品的选择是一个最难的问题。送什么样的礼，会对双方关系发展产生很大的影响。

选择礼物的标准

★按属性选择：如果以单位之名送礼，首先应遵循其宣传性。这种礼品虽然是正式的，却不是随意而为的，或者是为赠送而赠送的，总的来说，就是为了宣传与推销自己而送的礼品。在选择时，要具有向外界宣传与推介产品、服务或技术等的作用。本单位的宣传画册、建筑模型或主打产品等都是可选的礼物。其次就是它的纪念性，在公务往来中，有一些重要的事件或活动都需要纪念，在这类活动中，以单位为名赠送

的礼物主要强调它的纪念性。通常纪念册合影照或专用卡等印有一切纪念性词语的东西都是有纪念性的公务礼品。再者是礼品的趣味性，在职场中人们会对所认识的某人有所评价，更会注意他的品位。所以，以单位为名赠送的礼品是否贵重不一定是最重要的，有时也需要有品位。职场多选用书籍、字画、雕塑等文化内涵较深的礼物，有时也会关注礼品的时尚。最后是礼物的业务性，这就要考虑到它的实用性，以单位为名赠送礼物，常与受赠者的业务相关。一般选用电脑、文件夹或其他办公用品，也可以是皮带、手表、化妆品等常用装饰物品，这些都是很受欢迎的。但是在选择物品时，应注重品牌与档次。

★不同的人送不同的礼物：通常为同性选礼物很容易，但是给异性选礼物时就要细心了，不要送让人误会的私人用品。对于不同的年龄所送之礼也应不同，所以要顾及赠与者的年龄，按其所喜好而赠送礼物。在社会中，各种行业的人都有讲究与禁忌，所以在选择送礼时也要兼顾对方的具体状况。社会地位的差异与品性的不同也会有不同的喜好，送礼时一定要考虑到这一因素。送礼时还要了解与对方的亲疏关系，选择适宜的礼物。对于不同国家与民族的交流，在赠送礼物时也要有所顾忌，一定要关注他们的习俗与讲究。

Carmen魅力说：送礼物也要因事而异，不可忙乱送出，公务赠送礼物一般都需要有一个事由。

送礼的意义

单位送礼一般是宣传、慰问、示好、纪念或贺喜。如果想达到一定的目的，就要在选择礼物时遵循因事而异的原则。

纪念性的送礼，一般是用作纪念的物品当礼物送出，能给人亲切、温馨的感觉，更会让人爱不释手、无法忘怀。如果乏善可陈，那就失去了送礼的意义，也注定是一次失败的赠送之举。

庆祝性的送礼，一般会送鲜花或贺幛等，是对于值得庆贺的事情表示庆贺，为对方的活动等增添喜庆的色彩。

慰问性的送礼，这一般是在对方遭遇挫折、困难或伤病以及不幸的事情时所送出的礼物，主要是表现对他的慰问、支持、勉励与信任。

感谢性的送礼，这是对于感恩而言的。人人都有感恩的心，在有需要时用有个性的礼物，向对自己有所支持与帮助的人或单位表示真诚的谢意。这也是职场中最重要的礼节之一。

贺喜性的送礼，对于一些单位或个人有喜事时，可赠送一些礼物来道喜，不但可以表达内心的喜悦与恭祝之情，也会增进双方的友谊。

示好性的送礼，这种赠送礼物主要表示的是礼轻情意重，选择礼物时要关注对方的喜好与需要，要表现出对其的亲善与友好。

优雅Tips：送礼原则

★赠送礼物的时间

赠送礼物的时间也是有讲究的，可以选择在常规的时间赠送，如节假日，即为一些重要假日或逢年过节时；庆贺日，即为对方值得庆贺的日子时；纪念日，即为对方的重要纪念日；拜访日，即去对方的家中拜访时；接待日，即以单位的名义正式接待宾客时；推广日，即在一些产品发布会、招待会，用来推广或宣传自己产品时；告别日，即对方要离开一段时间时。

也可以在具体的时刻赠送礼物，但具体时间也是有讲究的，应适宜。在去他人居所或工作单位做客时，一般会赠送见面的礼物，这样会给双方一个愉快的开始。当自己以主人身份接待来宾，在对方离开时送其礼物是最佳的时刻，这样不会显得过于唐突。可以在告别宴上赠送，也可以在为对方送行前赠送礼物。

★赠送礼物的地点

赠送礼物的地点也应仔细考虑，应注意公私有别。一般公务交往时赠送礼物在办公地点为最佳，私人交往时最好在私人的住处。

如果以单位为名向其他人或单位赠送礼物可选择所在单位进行赠送礼物。可选择工作现场，如发布会、招待会等，一般礼物都是在工作的现场相赠的。也可在公开场所，对于一些个人或单位赠送礼品有社会意义时，会在较公开的场所进行赠送，这是在说明此次赠送的意义很大，也是扩大它的影响。还可选择本人的居所，对于个人赠送礼物时，可在他的家中或临时的住所赠送，因为给个人赠送礼物一般是不必公开的。

★赠送礼物的方法

对于赠送礼物的方法，主要重视礼物的装饰、移交与说明三个方面。礼品的装饰这一点很重要，不管是赠送个人还是单位，礼品装饰的好坏会直接影响到礼物的档次。要整洁如新，不要有灰尘或残缺的现象，更不要送陈旧过时的物品。对于所赠送的物品，不论是给个人还是单位都要认真地包装，这也是对于受赠者的尊重。

★礼品的移交问题

一般礼品是由赠送的人移交给受赠的人，而不是让对方亲自来取。这种移交有两种形式，一种是面交实物，是由赠送的人当面把实物赠予受赠者。另一种是面交礼单，这是对于礼品数量过大来说的，可先由赠送者将已注明的礼品清单赠上，再用一些方式将实物进行移交。

★礼品的说明

在赠送礼品时，应向受赠者说明此物品的用途、寓意和特征等。这种说明有四种，一种是对于寓意的说明，这是对礼品本身的解释说明，讲述它的象征性意义，会让受赠者对礼品格外重视；第二种是对于礼品价值的说明，也就是说明它的普通价值与特殊的价值；第三种是对礼品用途的说明，如果受赠者对所收到的礼物不是很了解，可以对它的用途与用法进行介绍；第四种是对礼品特征的说明，对礼品的特征加以说明，也是为了让对方对礼品加以重视。

第 25 堂课
热情待客的优雅与风度：接待礼仪

有朋自远方来，不亦乐乎！

——孔子

每个人都有自己的待客之道，中国人向来是最热情好客的，所以学习接待也是一门艺术。

对待客人不宜太客套，这样会让对方感到很不舒服，在这一礼数之中体现的是对客人的体贴与尊敬。对于远道而来的客人要夫妇同去迎接，将家里的成员都介绍给他认识。如果客人突然造访，不论是在做什么事，都应热情地接待并表示欢迎，以微笑握手并问候。如果家中需要打理，就应请客人在外小候，千万不要冷落了人家。

与客人谈话要诚恳，不要露出厌倦与不耐烦的表情，这样会让他很尴尬，使对方感觉很不受欢迎。若客人来到家中时，家里还有其他客人，主人应为双方介绍相识。如客人需在家中留宿，事先应做一些准备，留宿期间可陪同客人在家附近参观一下。

不要做一些催促客人离开的暗示，在交谈时不要时不时地看自己的手表，若真的有事需先告别，可先向客人道歉后再离开，让家人陪同并照顾。在客人告辞时，应握手告别，把他送到门外，并邀其常来做客。对于第一次来的客人，应将来回的路线或交通方法告之。

公务接待

在公务活动中，接待是日常的工作，若不注意其中的礼仪，就会有损单位和个人的形象，也影响办事的效率。

★一般接待：应以微笑迎之，用周全的礼貌来对待。有来访者时应起身回应，热情握手，表示对他或她的欢迎。视情况而定是否让座、倒水。不可冷若冰霜，目中无人。来访者一般都是有事相商，应耐心倾听，没有特殊情况时就应让对方把话全部说完，不轻易打断，更不能有厌烦的情绪，这是起码的礼貌。在接待中，也会涉及一些大问题，这时不要轻率地表态，更不要喜怒无常。若谈话时总有电话打断，应做妥善处理，因为这是最令人不快的事情。对于对方的问题应尽快地给予答复，不要故意拖延时间。如果做不到就应明确地告诉对方。想要提早结束会见，要委婉地提出某些托词，或者时不时地看看自己的手表，表示有要紧的事情在等着你去办。但是一定要切记，不打招呼就走是最不礼貌的行为。

★一般送客：在谈话结束，对方需要告辞时，应起身相送，并微笑握手话别。

商务接待

商务接待中工作人员代表着一个企业的整体形象，对客户的礼仪关乎企业的商机得失。办公室的布置是给人的第一个印象，所以这也是关键的问题。工作人员的谈吐与行为也影响着企业给人信任感的程度。

★布置：办公室作为一个工作场所，摆设要考虑工作与环境的协调性，也要考虑到工作人员的监督与沟通，更要给来访的客人一个好的印象。首先，办公室环境应较安静，将一些发声的设备远离工作的位置，不打扰他人的工作。客人来访最好有单独的会客厅。室内的光线应适宜，不要给工作人员造成疲劳而降低工作效率。应有效地利用其面积，把工作人员的座位合理地安排开，尽量做成对面布置的格局。特别注意，办公室内要整齐、清洁，设计要精美，更要适应现代化的需求。一些办公用品与装饰应遵循经济实用的原则。

★接待礼仪：首先要保持环境的优雅，风格要整洁。有客人来访时，要早做准备，备好茶水，调节好室内的温度，还可因人而异备些水果。如果有多位客人或高品质的客人来访时，要在专门的会议室内接待，提前准备好一切，迎接客人。

准备好相关的材料，明确客人来访的目的，对于客人来访的目的要做到心中有数。根据双方的会谈或客人的要求，提前准备好文字、数字等资料。

在办公室礼仪中，看到来访的客人就应放下工作，面带微笑并有礼貌地接待。先按传统习惯握手，主人先伸手这一举动体现了主人对客人来临的期待，能增加双方的亲密度。有礼貌地问候，按接待环境、场合的不同给予亲切的称呼，一般机关单位称为同志，企业社交称女士或先生，有职务的称某经理、某厂长等。以恰当的称呼来称谓客人也是礼仪素养的一种。

递交名片时，应双手奉上，接名片时也应用双手，这是基本礼节。取过名片后要仔细查看并加以确认，同时表示感谢。

迎来客人后，应邀其落座，热情地奉茶或饮料等。在与客人交谈时要保持饱满的精神状态，语气和蔼亲切。不要指手画脚、东拉西扯的。要善于聆听，专心地听其讲话。客人准备离开时，要起身相送，一般会将客人送到办公楼外或单位的门口，表示对其的尊重。

外事接待的原则是，明确是什么、了解为什么、决定怎么做。要注意形象，要注重自己的仪态、仪表、服饰等的规范性，在谈吐言语中也要发音准确，音调恰当。重视对他人的尊重。

在电话接待时，当铃声听起，你应在第一时间接听并说明自己的身份，问清对方的意图。在交流时，要认真听取对方的谈话，应用礼貌的语言进行交谈，用诚挚的态度和耐心对待。电话结束后，要说“再见”，等对方挂电话后你方可把电话收起。

优雅Tips：职场接待礼仪

职场接待是细致而周到的工作，要有礼貌、肯负责，做好接待工作也应注意礼仪。

★个人礼仪。专业的职场人士一定要着装整洁，能够体现你的专业性和职业性。特别是女性，不要披头散发、蓬头垢面。妆容应以淡妆为宜，不要打扮得过于夸张和性感。

用亲切、礼貌的语言与客人交谈，以表示对他的尊重。交谈时，作为接待人员，一般都需要用敬语，如“请、谢谢、打扰”，等等。注意举止要文雅，要落落大方，不管是说话的姿势，或者是坐下的姿势，或者是走路时的姿势，或者是站立时的姿势，都要按照规范的礼仪动作来做。要体现优雅大方、自然礼貌。

★见面时的礼仪。应先握手或点头，目视对方，面带微笑。要郑重地问好，以表示对客人的尊重。

★介绍礼仪。先做自我介绍，把自己的名字与职位礼貌地告知客人，注意语言要阐明扼要，点到为止。在介绍他人时，可用掌心向上指向被介绍的人，按身份的不同由高至低先后地介绍，注意说明他人的身份与名字。

★行走的礼仪。在接待时，应走在客人的前方做向导。乘电梯时，应自己先进入电梯再邀客人进入。若电梯中有控制人员，就应先请客人进入后自己方能进入。出电梯时自己也是最后一个走出去的。这是基本的礼仪，要切记。

第 26 堂课
智慧女人笑傲职场：商务礼仪

商海中，学会做自己生命的掘金人。

——Carmen

商务礼仪是企业员工形象的特征，一个良好的形象与得体的礼仪会给对方留下一个深刻的印象，是教养与风度的体现，是向对方表示恭敬的有效途径。礼仪是媒介，可以传达自己的各种感情，在商务活动中，利用恰当的礼仪能给对方以信任感，并促进事业的不断发展。

商务女性着装礼仪

在商务活动中，女性应着西装套裙，这是所有正式场合均应选择的着装标准。它既能体现出女性的干练与成熟，还可烘托其特有的优雅与文静。西装套裙更是现代女性体现职业态度与女性美的最好装备。

在面料的选择上，应有所挑选。上衣与裙子要选择相同的面料，应

质地上乘，可选亚麻、毛涤等。用这些面料做套裙应注意它的平整、光洁、柔软，最主要的是不易起皱。在服装的颜色上应以冷色为主，淡雅、清新而不失庄重。不要选一些太过鲜亮的或扎眼的色彩，要保持服装的稳重与端庄。在这个基础上我们可以小小地改变一下风格，如上衣和裙子可以选择上浅下深的色彩，让它们形成一个鲜明的对比，也可以是统一的颜色。前者搭配有动感、有活力，后者的搭配方法较庄重正统，所以各有千秋。西装套裙也可按不同的工作环境加以协调，这就要看个人的喜好了。颜色最好是清爽的，不要带图案，可以选择带格子或条纹的，点缀不应过多，也可以加饰扣或蕾丝等，给套裙增加活力。套裙的长短没有明确的规定，但是上衣不宜过长，下裙不宜过短。太短的裙子会有不雅之感，太长又显得无神。当然这是传统观念的思想，如今，生活中的套裙是各式各样的款式。在式样上，可以是线条优美的一步裙、筒裙，潇洒漂亮的百褶或人字裙，但是一般不宜添加太多的饰物或花边。在选择时不要单一地追求时尚，可以从自己的实际出发。

Carmen魅力说：在穿西装套裙时，特别是薄料或浅色面料的，一定要穿一条内衬裙。

商务语言技巧

对于语言的交谈有两方面要求。

第一，要用文明礼貌语言，表达流畅且准确。不论在什么场合，一定要保持微笑，以得到他人的尊敬。这种表情也会让你们的谈话变得亲切自然。

第二，与人谈话时要认真诚恳，保持专注的神态，要用自然平等的心态对人。在谈话中，要让人觉得你容易亲近，用心专一。要与人建立和谐的关系，让谈话变得轻松愉快。

进行语言沟通时，不但要让对方可以听懂、理解，还要让对方认同你的观点，改变他的态度，修正自己的行为，这就是语言的技巧。

选择话题要适宜，要选双方都感兴趣的，这是交谈的关键。一般话题不限定多与少，但特定的时刻是不宜多的，最好只有一个。话题集中，有利于顺利地交谈，话题一多就会散乱，让交谈者无所适从。有一点要遵循，避开对方的隐私与敏感区域，不涉及企业或商业的秘密，或者不谈论经营信息等，避免造成不必要的损失。

学会聆听，不管你与什么样的人在一起交谈，都是作为谈话者，又是聆听者，所以聆听也是很重要的一项。它可以让你获得信息与知识，能够让你了解他人的个性与意图，能够使你在对方的反应中找到对自己最有利的谈话内容，有利于双方的沟通，并让对方觉得被尊重与欣赏。所以高明的谈话者都是一名高超的聆听者。

Carmen魅力说：谈话时注意要全神贯注、响应配合、正确判断，同时还要辅以体态语言。

学会赞美，善用幽默、争辩、说服甚至是拒绝。要恰当地赞美他人，应实事求是、因人而异。幽默，在日常生活中最受人们的欢迎，它不但能反映一个人的学识与教养，更能体现人的机智。幽默能拉近人与人之间的距离，并且得到别人的认同。

在商务活动中，会遇到一些捍卫国家或利益的事情，这时就会发生争辩。要注意，在争辩时也要讲究礼仪。首先考虑到事情有无实际意义，一般为公事争辩是必要的；还要考虑争辩胜利后是否对自己有利；判断争辩是出于情感还是理智的，是否有必要；自己的争辩是否会造成敌意，不要被个人的情感左右。

在商务交谈中，一定会出现分歧，这时就会有一方去说服另一方。说服时，首先要为对方着想，其次要以平等的姿态对人，再者表达要得当、语意要清晰。当因利益取向等原因出现了严重的不统一时，就有了拒绝，所以交谈中的拒绝也是需要技巧的。

Carmen魅力说：拒绝的技巧总的来说有三种，即说明原因，直接拒绝；用敬语婉言拒绝；答非所问的回避拒绝。

商务洽谈礼仪

洽谈是在商务交往中，为促成双方合作而达成的妥协。为了洽谈的成功，要求做法讲究谋略，还要讲究礼仪。

洽谈前应充分地准备，礼仪也是不可忽视的。先掌握洽谈对手的基本信息，了解公司与对方小组成员的情况。再组建洽谈小组，熟悉洽谈过程中的探询、准备、磋商、小结、再磋商、终结和洽谈重建，选择双方洽谈的地点。

一般礼仪：提前约好时间并按时赴约，如果失去了信誉，你就失去了合作的机会。在谈判中应注意策略的灵活性，要保持自己的原则，也可求同存异，但是要注意在整个谈判中保持融洽的气氛，做到真诚合作、以礼相待。

参加洽谈时自我介绍要得体，提问时应语气委婉，回答时也应实事求是。如果是参加国内贸易商务时，应注意搞好对内的接触，并树立一个良好的企业形象，重视双方的交流与信任，注意谈话时的礼节。

优雅Tips：互利为主的洽谈

洽谈进入明示阶段后，双方会出现不同的意见，这时要语气平和，说话要讲究技巧，不要引起对方的反感。谈话时要有广度，让双方都有回旋余地。争执时只在于观点的异同，不要造成人员的冲突。用真诚来解决问题，不要急于取胜，逼人就范。注意：心平气和，敞开心扉并灵活运用语言。

在火药味十足的较量阶段应注意对对方的敬意，可求同存异，以互利为主，和气最贵。切莫欺诈隐瞒、太过盛气凌人、太以自我为中心、鲁莽狡辩。

第 27 堂课
规范严谨的缔结条约：签字仪式礼仪

迄今为止，所有社会进步的运动，是一个“从身份到契约”的运动。

——Carmen

签字，是建立在某一些签约合同的基础之上的，它是一个郑重而庄严的仪式，时间虽短暂，却要求规范认真，隆重而热烈。

签字仪式两阶段

★准备：首先应拟订好所需签订的合同文本，这一文本在签字后就具有法律效力，所以要谨慎处理。内容要正式、规范，要符合相关的要求。在对文本合同进行审查时，除核对协议条款与文本的一致性外，还应对各批文等进行检查，看是否齐全、与合同是否相符。为方便，此文本应各方均提供一份副本。若审核发现问题要及时沟通并再次进行谈判，直至最终达成一致，如有必要也可调整签约的时间。

签字仪式

涉外商务合同应按国际惯例进行签署，同时要使用各方的官方语言，或国际通用语言，如英文或法文，也可同时并用两种语言。对于所用文件的印制，也应选择高档的质料作为封面，以表示郑重。

签字仪式举行前，应确定好各方的出席人数，并向有关方通报。特别是客方，应把出席的人数提前备报于主方，以便进行安排。一般参加的签字人员均是各方会谈时的全体成员，在出席的人数上，双方大体是相等的。在签字时，各方均应安排一名对仪式程序熟悉的助签人员，以便签字时给予适当的帮助，防止漏签事件的发生。一般签字仪式都会请来更高一级的领导人出席，以示重视。

签字厅也应是专用的，按照规范布置。地面应铺地毯，长桌上铺台布，这些都是正规的。签字桌的位置应横放在室内，面向房门处。如为双边合作，应在桌子后放两把椅子；签署的是多边合同时，应为每人准备一把椅子，或单独一把，由签字人轮流就座。若随行人员太多，可在每一个签字人员的对面放椅子，让他们就座。除了这些以外，在签字厅内是不摆放其他陈设的。签字桌上还要放好所需的文本、笔或墨水等文具。签署国际商务合同时，要在桌上摆放各方国旗。

签字人员的服饰也应按照规定，女性应着西装套裙，以白色衬衫为主，配以深色皮鞋。如果是礼仪或接待人员，也可以穿具有中国特色的旗袍或象征礼仪性的服装。

★签字过程：双边合同的签署，主方为左侧座位，客方为右侧座位。双方助签人员应站在己方签字人的外侧，以便在过程中提供一些帮助。双方人员在己方签字人的对面按顺序就座，或以职位的高低排列于签字人的身后。排列的顺序主方自右至左，客方自左至右，如果一行排满可另起一行再排列。

签字仪式开始

各方按顺序入厅，依座次礼仪就座。助签人员协助翻开签字本，指出签字处。由各方在己方文本上签字，再交由对方签署，这一交换是由助签人员进行的。在己方签字时应把自己名列首位，在次序上各方都有居于首位的机会，以示平等，这一做法在礼仪上称为轮换制。如果签署双边合同，多由主方先签，再依次序各方代表进行签字。交换文本后，收回文本，但是注意应使用右手，切不可将文本夹于腋下，因为用左手传递或接东西被视为不文雅、不礼貌的行为。

签字完成

助签人员换回各自文本，双方握手，随行人员起立鼓掌并予以祝贺。有时在签字后，签字人会将各自的签字笔作为纪念来交换，此后，礼宾人员奉上香槟供庆祝所用，大家共同举杯祝愿。在这样的氛围中，此次签字仪式圆满结束。

一般来说，待签的文本内容要具备数量、标的、酬金或履约期限等。合同在撰写时除了要按标准的规格、合法与国际惯例外，还应在行文上字斟句酌，简洁准确地写出内容。如果是与外商签署相关的合同或协议时，应遵守国际惯例，在待签的文本上同时使用双方的法定官方语言，也可以使用在国际上都通行的法语或英语。

签约的整个过程都具有极强的礼仪性，所有参加的人员都应注重自己的仪表、穿着，仪态应得体、整洁，应体现出大方、自然的举止，不可严肃有余，也不能过分地喜形于色。

优雅Tips：签字仪态

要注重商务仪态：首先是站姿，特别是女性的站立姿势要柔美，做到亭亭玉立，表现出女性的妩媚、典雅、娴静。以前腹式站姿为主，左手轻叠于右手背上，双腿基本并拢，脚位与服装适应，穿紧身短裙时脚跟靠紧，脚掌分开呈丁字步；如果穿着礼服或旗袍，可将双脚微微分开。

切记不可歪头、凹胸，不可弯腰驼背、身躯歪斜或手位失当及腿位不雅等。更不可下意识地做一些小动作，如玩弄衣带或发辫等。这样会显得拘谨，更给人无自信、无教养的感觉，更有失仪表的庄重。

第 28 堂课
有条不紊的优雅：新闻发布会礼仪

新闻要适合直接感兴趣的人的口味。

——马克思

新闻发布会通常指由政府机关或企业向公众发布一些最新的产品或最新的政策等的推介，是一个很好的辅助国家或企业形象的帮手。新闻发布会上的时间和人物都是较集中的，时效性也特别强，它免除了预约采访的时间与对象的麻烦，是媒体最喜欢的采访形式。现在的企业都利用这一形式向公众推介新产品，政府机构也利用这一形式向民众传达某些政策的走向等。

新闻发布会类型分析

发布会分为记者招待会、酒会或新闻发布会等多种形式。最常见的是政府机构召开的新闻发布会、影视娱乐召开的发布会或企业召开的新

优雅一生
新闻发布会

闻发布会等。记者招待会的主要特色是答记者问，而且具有专题性，多数由高层官员出席。而新闻发布会由公关负责执行，它也是常见的发布会的一种形式。酒会的形式是较灵活、自由的，是非正式的活动，气氛也较为轻松。它可以单独召开，也可附于其他形式，如有时会在招待会后进行酒会和茶会等来招待媒体。但新闻发布会的形式较正式，一般不会有类似的招待，以确保记者可以及时把新闻发布给其他媒体。

现场布置

发布会多为主席台加课桌式的摆放原则，要确定好主席台的人员摆放席卡，以利于记者对发言人姓名的记录。在摆放时要将职位较高的人靠前中位置，自己人则靠后边的位置。会议一般只有主席台上主持人与发言人的位置，贵宾则坐在下面第一排。一些非正式或讨论性的会议则用圆桌式的摆放。另外还有一种是回字形的摆放，也很常见，中间为发言人的位置，两侧和对面是记者的坐席，这样利于沟通，也利于摄影拍照。

发布会礼仪要点

发布会的礼仪是在进行新闻发布会时所必备的礼仪规范，在商界，这一礼仪应包括筹备会议、邀请媒体、现场应酬、善后事宜等内容。

筹备会议：要召开发布会有很多的准备工作要做，其中最重要的是主题的确定、时空的选择以及人员安排、材料准备等。这一系列的工作都应在新闻发布会召开前就确定好，以免在现场发生纰漏。

邀请媒体：在发布会上，主办单位主要邀请新闻界人士。但在邀请新闻界人士前应有所选择与侧重，否则很难保证新闻发布会能取得成功。

现场应酬：在发布会的当天有很多媒体人士，应保证对于任何突发状况均能有所反应，保证发布会顺利召开。这样，主办单位的人员就要齐心协力地共同合作，最主要的还是接待来宾的发言人、主持人，他们要可以随机应变，把握好全局。

发布会的礼仪规范

做好筹备工作，就要确认发布会的内容。

主题：组织者一定要明确其主题，以确定邀请记者的范围。若主题不明，记者就不会按预定的目的传播信息，有时还会弄巧成拙，有损公众形象。

相关材料准备：认真准备发布会所需的所有材料，以便在会议开始前发给记者，以供提问或写新闻做参考。

发言人：新闻发布会上，一般由单位定出发言人进行答记者问。所以，这一人选相当重要，此人应能随机把握场面的氛围，语言应文雅而有力、风趣又庄重，还要有机智的头脑，更要具备超强的表达能力。在面对记者各种提问时，发言人一定要保持冷静，选择合适的方式回答或躲避不答，不能因记者的无理取闹而有失仪态。

注重仪容仪表：主持人或发言人，依照惯例应化妆，但应以淡妆为主。女性应着单色套裙，配以高跟皮鞋，在整体上要保持服装的干净且显现干练的气魄。

新闻发布会是塑造良好社会形象的重要活动之一，也是提高知名度的最佳方法。所有来访的记者与来宾应在备好的簿子上签上姓名、单位和联系方式，签到后安排到会场就座。

进入会场应遵守会议的程序，这时主持人就要发挥组织与主持者的作用，宣布会议的内容与提问范围或会议的时间，时间一般在两小时以内。发言人或主持人的讲话时间也不可太长，以免影响记者提问。在回答问题时，应一一回复，不要与记者发生冲突。作为主持人，应维护好会场的秩序，把握好主题。但是要注意，不可在大会前单独与记者见面或提供信息。

在发布会中，主持人与发言人应默契地合作，明确分工，在发布会进行期间口径要保持一致，不能公开顶撞，或互相拆台。对于记者提出的一些难以回答的尖锐问题，主持人要帮忙转移话题，不让发言人难堪。如果主持人邀某记者提问后，发言人应予适当回答，这样才能表示出对记者与主持人的礼貌。

在整个发布会中，要注意对记者的态度，因为他们直接关乎媒介发布消息的成败。作为一个专业人士，要对记者表示尊重并了解他们的作用。对于记者的合理要求应尽量满足，不可表现出傲慢的态度，要彬彬有礼、温文尔雅。

发布会的召开应有选择，一般有重要的活动或重大的事件发生时才有召开发布会的必要。如企业中，公司开张、生产或投放、新品开发、重大事件，开展重大的公益活动，人事变动，企业重要庆典及纪念活动等，均以发布会来实现与社会公众的沟通。

选择新闻发布会的召开时间时，为保证被邀人员均可以到会，提高发布信息的效果，在社会上有所影响，就应避免与一些特定的时间相撞。如节假日，或其他重大的社会性活动，也要防止与新闻界所报道的重点内容发生冲突，还要避开其他单位所开的新闻发布会。召开的时间一般选择在周一到周四上午十点到十二点，也可选择在下午的三点到五点之间，这均是新闻发布会召开的最佳时间。

优雅Tips：新闻发布会的善后评估

在发布会完毕后，组织方要在一定的时间内认真地做善后评估。了解这次新闻发布会所产生的效果与媒体的发布情况，收集反馈的信息，做最后的经验总结。将发布会的相关资料整理并保存，收集剪报制作成发布会的成果资料集，也可以做一些相应的宣传资料，以便下次举行发布会时提供借鉴。如果在通过评估研究后，得出失误的结论，应采取必要的措施来补救。

对一些不利的报道也应分析后采取措施制止或改变内容模式。如批评性的应及时改过，虚心地接受他人的意见；失实性的应利用某些途径给予解释，将误会解除；敌视性的就讲究方式与策略，并给予有力的还击，保持住自己坚定的立场。

第 29 堂课
修养与气质的验证：出差礼仪

知礼懂礼，尽显你的气质与修养。

——Carmen

出差不但辛苦，还是考验一个人的修养与素质的关键。当你离开自己的小圈子，就会接触到陌生城市中各种各样的人。出差一般不是一个人，身边都会有其他的同事，这时与同事间建立合作意识是很重要的，遇到事情应多与同事进行交流，更要相互照顾。

出差工作时，不要太过于热心地对待客户，要给同事留一些交往的余地。如果你一味地表现自己，只会让同事徒增压力，尤其是会伤了男同事的自尊心。所以，在出差这个特殊的工作场合中，要时刻留意自己的行为与态度，不能唯我独尊地只顾表现。

在与异性同事同行时，还应注意不谈论私生活。出差时的情境会发生变化，一切都是新鲜的，人的心态也自然会放松，但要知道出差不是旅行，首要的任务是工作而非其他，不可以让私人的感情扰乱工作程序，

更不要与异性交流过多的私人感情。

陪同领导出差的各项礼仪

在工作中，避免不了会与领导一起出差，而此时既是一个机遇也是一次危机。在这一过程中，如果你处理得好，会给领导留下一个好的印象，让他对你刮目相看，但是如果发生了差错，你有可能会丢掉饭碗。所以，与领导共同出差有很多细节问题需要注意。

关于差旅费的问题，在出差范围之内的，先向单位借足了或者自己带足了也可以。这里包括住宿、交通与应酬等一系列费用。当然，你的领导是不会拿钱的，所以你要记住：不论什么情况都是要花钱的，如果有需要时你拿不出来，就会很难看。身上最好是带现金，为了安全起见，你可以存一部分在卡里，但要让口袋里随时有应付场面的现金。

陪同领导出差就要学会秘书要做的一切，如办理飞机登机牌、入住酒店、饭局的安排等。要先给自己补课，熟悉这一些手续的要领，给你的领导留下精明能干的好印象。出差办事要提前安排领导的事项，如预约要见面的领导。未曾会过面的陌生领导在第一次见面时，应由你向他们介绍自己的领导，不要让领导来自己介绍或者给他们介绍你的身份；如果见面的是熟悉的人，也应由你来预约，这里就省略了介绍一项。总之，出差的行程安排应紧凑而充实。

出差时如果你也有亲戚或朋友在同一个城市，尽量不要向领导请假去会见他们。如果要见面，也要选择一个好的时机，在领导安顿好的情况下请一到两小时的假，但不可占用太多时间。

出差中，应做好工作记录。如要办的事项，遇到的问题；见面的人与谈话的内容，对方的联系电话、头衔等。对一些未结束的工作或应该再联系的人与工作应做特别的记录，回到单位后再实施。

与客户交往当然离不开酒宴，这也不必担心，它只是出差事项中的一个，在酒桌上只要你不显得沉闷就可以。喝酒时也要注意适可而止，对于劝酒的朋友可以委婉地拒绝或叫他们下次去你们那里再好好地喝。

Carmen魅力说：与领导出差，还要记住说话要灵活，该说的与不该说的要衡量好，给领导留下知礼懂礼的好印象。

与领导出差要明确外出工作的内容和相关需要，按内容与需要准备文件与礼品和资料。带好证件，安排好行程。如果是去开会，应先学习会议的内容，准备好开会的资料，做好会议的记录。若是去走访与谈判，要对所要走访与谈判的对象加以了解，并进行一些相关的调查，以便随时应对。要了解领导对此次外出的目的与任务的看法，按领导的意图去服务，避免发生帮倒忙的事情。

要有超强的时间观念，组织好出发时间，所有的活动与人员都应提前做好准备，不可让领导等候大家。外出时，一定要与同行人员及领导保持联系。哪怕是短暂的时间要单独行动也要保持联络的畅通，防止发生变化。

优雅Tips：出差礼仪细节

与领导行走时，应在领导后侧半步跟从。上车时，应让领导与客人先上，自己在后，主动打开车门，待客人与领导坐稳后关门。乘坐电梯时，也应遵循先出后入的规则，若电梯无人操作，随行人应先进并操纵电梯，而后再出。如果有服务人员则随后进而先出。

与领导一同赴宴时，说话应把握好时机与分寸，不要随意乱说，更不要无原则地过分恭维主客双方领导，但是也不能唯我独尊。就餐时要分清主客位，让领导坐在主要位置，待双方领导就座后你再入座，这样才不失礼节。

与客户初见时可适当地寒暄，做自我介绍。整个谈话过程应不卑不亢，给人以好感。

会面结束后，不管双方是否成交或达成协议，都不应被当时的气氛影响，与对方亲切地道别。在领导与对方进一步谈判时，如果对方提问，你可以若无其事地做一下推动，若觉得领导所说的内容有什么不必要的或不适当的，你可以进行更正，但是要运用巧妙的语言，或用默契的方式方法助领导一臂之力。

领导访问客户时，要尊重、配合他们，这样可增进上级与下级的关系，还会给客户留下应对得体的好印象，更能提高公司的信誉。如果陪同领导调研，要先对所调研的课题加以思考与了解，对领导提出的一些问题要记准确、问清楚。

与领导外出参加会议时，应明确自己的重要性，是否适合在场，若不需参加时，应在场外等候。如是小范围谈话，要按情况判断是否要回避。如果领导在宾馆等小范围谈话时，或是遇到老朋友时，应体谅领导，礼貌地为客人奉茶后，适时地退出，以便他们说些知心话。

与领导外出时，你应做好保密工作，对于领导和随行者谈论的话题或与其他人员间的谈话内容应予以保密，除了领导明确地表示同意你传达时，其他的内容是不能随意透露出去的，即便简单的餐桌玩笑话也不可以向他人随便提及。

作为一个陪同人员，在会见和会谈前就应充分做好一切准备工作，对所要会谈人的职务、姓名、地点、时间及会谈的顺序安排等相关事项都应有所了解与掌握。若对方去领导的住处拜访，要以主人的身份让对方以客人的身份就座。待领导与客人会谈结束，应与领导一起送客人出门，走至车前或门口再握别目送。

第 30 堂课 在路上，入乡随俗：习俗礼仪

习俗先于一切法律，自然胜过一切艺术。

——丹尼尔

国内习俗

中国是一个多民族国家，共同生活在一个大家庭里，人人都是平等的。但各民族的风俗与生活习惯并不相同，它们都凝结着本民族的民众感情。要做到不违背其民族感情，与其更好地沟通与交往，就要了解他们的习俗与禁忌，增强相互的理解与信任，表现自己的文化与礼貌修养。

★满族：具有悠久的历史，他们注重礼节，讲礼貌。在平日相见时都要请安行礼，在与长辈说话前也先请安后讲话，以表示对长者的尊敬。满族以抱见礼为最隆重的礼仪，即为抱腰接面礼。他们不分男女，只要是亲友相见均行此礼，以表达亲昵的感情。

因满族与汉族的交流频繁，在饮食上与汉族很相似，但还是保留了他们本民族的特点，即喜甜食。有一点要记住，他们不吃狗肉，更不戴狗皮帽子，这来源于祖训，形成了习俗。

★**蒙古族：**生活在我国北部的大草原上，以畜牧业为主。他们信奉佛教，重视大年与小年。把大年称为白色的新年，也叫查干萨勒。

蒙古族人民能歌善舞，热情豪放，很有节奏感，爽朗明快，有很强的表现力。他们在每一年的七八月间都会举行一次盛大的聚会，称那达慕大会，也是他们的传统节日。有骑马、射箭与摔跤等比赛，场面十分壮观。

蒙古族人民纯朴粗犷，对客人十分尊敬，特别讲究礼仪。尤其是对长者，严禁一切对长者不敬的言行与举止，待人诚恳、忠实。

Carmen魅力说：他们忌讳有人提马鞭进毡房，因为这表示寻衅；忌讳有人骑马在蒙古包门口下马，或骑马闯入羊群；忌讳别人用刀剪或筷子指头部；送礼物时要双手不可用单手，更不能用左手；也不可当面赞美他们的孩子或牲畜，他们觉得这样会带来灾难。他们喜欢白色，认为白色是纯洁与吉祥的象征，连给女孩取名都用白云或白雪等。他们厌恶黑色，觉得是不祥的颜色。

国外习俗

中国乃礼仪之邦，礼仪是中华民族的传统。了解国外习俗礼仪有助于经贸的合作与友好的往来，也会避免与其他国家间交流时产生矛盾纠纷，利于互信与沟通，增进友谊，也可发展国内的礼仪文化与建设，开拓国际市场的贸易交流。

★美国：在礼节与习俗中，以欧洲移民传统习惯为主。他们谈吐幽默，为人随和又较浪漫。处事果断，自由开放，不拘小节。他们的观念是自由平等，也有着较强的自主意识，他们反对保守，喜欢刺激和猎奇，有很强的进取心。

他们日常的礼俗注重平等待人的原则，不论是平时乘车还是在某些特别的场合，除了女子外，他们不提倡贵宾礼待，以平等自居。美国人与人接触时没有过多的客套，但是讲究文明礼貌。一见面他们施行点头、握手、接吻或吻手礼。初见时直呼对方的名字，有时也会很随便地握一下手，并笑着打招呼。直呼其名是美国人友好的表现，所以在介绍别人时便直接称呼姓名，甚至在社交场合中提前退席都可以不向人告别，只说再见即可。

Carmen魅力说：美国人社交礼仪的特点是友善、随和、易接近，开朗、大方且热情，喜欢幽默又没有太深的城府，有很强的自尊心也有好胜心，他们重视诚信，不拘小节。

★法国：法国人一般信奉天主教，他们性格开朗，热情直爽，喜欢与人交谈，处事乐观，谈吐又特别风趣，喜欢音乐和一些高雅的东西。法国的女性特别讲究衣着，最爱打扮，这也是世界闻名的。

法国人有着较强的时间观念，对于某些宴会或重大活动，他们都能准时到达，不会提前也不会迟到。他们最注重公众形象，从不在公共场合做一些不文雅的事情或动作。如果男女共同看某一节目，女子要坐在中间，男子坐在两边上。在公共场合，他们从不大声喧哗。法国人的接待礼一般也是吻礼，但是有很严格的规矩，只有情侣或夫妇才可以真正地接吻，同事、朋友或亲戚只可以贴脸或脸颊，长辈对小辈要亲额头。

Carmen魅力说：法国人的社交礼仪特点是善于交际并且喜欢社交；

他们天生浪漫又幽默；他们的纪律性很差，又渴望自由；对自己的国家非常热爱，有特别强的自尊心；特别尊重女性，有骑士的风度。

★俄罗斯：俄罗斯人能歌善舞，有着较强的纪律性。他们性格开朗又豪放，还有很强的意志；做事情偏爱统一，讲礼貌，有极高的修养。他们在初会时先握手致意，再称呼对方的姓名，并且要礼貌地将名字与父名一起称呼。朋友间要用拥抱礼亲面颊。他们特别尊重女性，重视文化教育，偏爱艺术。

★英国：英国人特别注重礼节，有礼貌、讲文明，尊重女性。英国的男子总把女士优先或女士第一的礼俗当作生活最重要的内容，在各种场合，女士总是被优待的，可以先入门、先行、先入座。就连进屋或离开时，男子都要帮忙脱或穿外衣。在外乘车时也要先礼让女士，一切以女士为先。在英国，男士总是保护着女士，不让她们受到伤害。

英国人最注重自己的绅士风度与形象，他们出席各种场合都要穿整洁的服装，且说话也是彬彬有礼、保持分寸的。初见时多以握手问好，不拥抱。如果是朋友见面，直接省略握手而行拥抱与吻礼，简单地寒暄便结束。英国人谦虚、幽默又含蓄，但这些谈话中也颇有内容。他们不喜欢炫耀地位、家庭等，所以说话时平平常常，实际情况却令人吃惊。

英国人较冷静，不爱多言，在他们看来，烦躁是不礼貌的。他们很少发脾气，对于别人的意见只倾听，而不会争吵，只保持一种心平气和的礼节。

优雅Tips：尊重他人习俗

与外国友人交往会有很多的禁忌：与俄罗斯人交往时，不要问女子的年龄。如果她自己说出其年龄后，你要称她依然很年轻。初次见面时不要随便问人家事，也不要主动说自己的事情。如果说得太多，会让对方反感而不愿与你再接触。

在英国，如果把食盐弄撒，会被认为将与朋友绝交或发生口角。在吃饭时，如果刀叉碰响水杯，就要立即终止。在日常生活中，一般避开厕所一词，用其他语言代替。如有人要去就会说去看姑妈，或你要去洗手吗，你要去别的地方吗，等等。

在许多西方国家都忌讳 13 这个数字，他们不会把一些活动选择在这一日，就连酒店房间都没有第 13 号。星期五也是他们认为最不吉祥的日子，如果星期五巧遇 13 日，就是诸多不宜的煞日。

第 31 堂课
见证爱情的永恒：婚礼礼仪

婚姻是真正修炼爱情的开始，充满了祝福与祈祷。

——Carmen

参加婚礼的准备

在收到婚礼邀请帖后应马上做出回应，可以打电话或回函给对方，还要说声恭喜。告诉对方是不是能够去参加他们的婚礼，以方便对方统计参加婚礼准备出席的人数。应邀参加一定少不了红包，而红包的种类也是多种多样的，祝贺的礼金袋上要写上祝福的话语。

结婚对一对新人来说是一生中最大的事情，所以你的祝福对他们而言是非常重要的。祝福语可以写：百年好合、心心相印、花好月圆、天赐良缘，或执子之手、与子偕老等。

参加婚礼的礼金多少因各地区的不同而各异，一般在当地都有一个

习惯的标准，再者也要依你们两人间的关系而定。至亲当然会给得多一些，普通朋友与同事就会相对少一些，这些数额大多是不等的。但是应注意的是，金额应是偶数，偶数是双双对对的意思，也象征着对新婚人的祝福。最忌讳的数字是四与九，四一般会斜音于“死”，九则译为“苦”。选择赠送的礼金纸钞一般应选择新的，象征着一切都是新的开始。

在婚礼的当天应提前半小时到达，还要整理好仪容，否则是不礼貌的。到了地点后应在接待柜前向接待人员递交礼金袋，同时签上你的名字与祝贺词。如果你迟到了，要事先通知对方，不要自行进会场，可以让接待人员带你进去。若有事情需要早退时也要先打招呼，最好在来宾全部致完贺词后再离开。离开时可以不与新娘新郎打招呼，但是要与同在酒席的两侧人员打招呼，以示礼貌。

在接待柜前应先致祝词，报上自己的姓名，致谢招待，并对其道贺。同时递上自己的礼袋加以祝福的话语，递交礼袋时应将下面朝上。在签名簿上签下自己的姓名，若是夫妻同时赴宴，应将先生与太太的名字都写上，书写的顺序是先生在前、太太在后。喜宴开始时，应认真听取媒人与宾客的致词，这时不可以喧闹，应安静地聆听。

入座时，应与临坐的人打招呼，虽然不一定都是熟人，但是要表达你与其他人一样喜悦的心情。就座前向同桌的人自我介绍一下，这能让现场气氛缓和，应注意不要太出风头。在听取致词结束时，出于礼貌应给予相应的掌声。在有人致词的最初与最后应放下手中的餐具来鼓掌，若与你同桌用餐的人去台上致词，应专心地聆听。

紧急情况处理方法

★无法出席

原本定好要参加喜宴，却临时有事无法出席，应立即告知对方，让他知道你不能出席他的婚礼了。或者你可以找个人代你去出席，而这个人选最好是双方认识的朋友，当然礼金就请这位代理代送了。记住，即使不出席喜宴，礼金也应送到。可以在婚礼举行前直接或以邮寄的方式送给对方，但在礼袋上一定要写上祝贺的话语。另外，现在微信红包如此方便，也非常受大家的喜爱呢！

★在参加喜宴时，突然被推荐上台致辞时怎么办？

这是不能推辞的，在没有任何准备的情况下，你可以简单地先自我介绍，再说声恭喜，或在短暂的时间里说一些对新人祝福的好话。

★如在婚礼结束后才知道对方结婚了，怎么样处理？

虽然没有被邀出席，但是作为朋友，你可以用打电话的方式给予祝福。

着装的技巧

传统婚礼的着装：传统的婚礼略带正式与庄重，在衣着的选择上应大气、有档次。一般以中长的小礼服为主，再配以精致的手提包。除了婚礼对于出席人员的着装有要求外，一般不会穿着奇装怪服去参加婚宴。

在礼服的选择上，不应过于隆重，不要选拖地式的长礼服，或是过于暴露的礼服。吊带衫或一些特别性感的衣服都是不能穿着去参加婚礼的，这也是大忌。若非要选择吊带衫，也可以在外面配一个披肩或外套。

如果身材过于丰满，你可以选择 V 领的衣服，以拉长你的比例。在颜色选择上，一般以喜庆的色彩为主，如天蓝色或粉色等。新娘的礼服多为白色，尽量不要与新娘撞衫，而黑色也是忌讳的颜色，不要选择。

若要穿白色礼服，也应加入其他颜色的配饰来调和一下。还要记住，礼服的色彩不宜太多，最好以单色或两色系进行搭配，色彩太多会显得轻浮。

现代婚礼的着装：现代婚礼无束缚，可以随意一些，一般现代婚礼都选择在草坪或户外进行，所以礼服太隆重会不方便，过短的裙子也会有一些不便，应尽量避免穿着。

不宜选择运动鞋，会让人感觉太过随便，鲜亮的高跟鞋才是上选。在选择服饰图案时，应配饰简单，或者不配戴，这样才会避免太过出挑。出席婚礼时一定要遵循着装的要求，实在不会搭配就用最保险的穿法，不要过于夸张，按自己的风格与婚礼的整体进行搭配。

Carmen魅力说：在酒桌上也有一定的礼仪要遵守。记住要众欢同乐，不要自成一派，不可小声私语；要分清主次，不要失去交友的机会；谈话时语言得当，加以幽默并注意方式；劝酒时应适度，不要太过强求；敬酒时应主次分明、有秩序。

优雅Tips：婚姻邀请礼仪

★请柬邀请

请柬邀请是最普遍的邀请方式，传统且正式。请柬上印有一场婚礼的主要信息：新人姓名、酒店地址、婚礼时间等，一目了然。邀请方式简单又直接，大家都知道该准备红包了！

请柬分为中式和欧式两种。中式的以红色为主，表现传统而喜庆。欧式的颜色就要丰富一些，白色的、粉色的、金色的，在内容上也更加丰富和有个性，被多数女孩所喜爱。

结合婚礼主题量身定做的个性请柬，不仅标新立异，送出去绝对不会和别人撞脸，让一对新人对崭新的未来充满热情与期待。

★电话邀请

因为相距比较远，亲友间还会采取电话邀请的形式，说明婚礼举办的时间、地点，真诚地邀请对方参加。

★电子请柬

微信时代，新人可以选择用自己的婚纱照去制作易企业秀电子请柬，这样别出心裁，又符合时代风尚。

★请柬发出时间

传统的纸质请柬是一定要当面送到被邀请人手中的，这样才足够正式。一般请柬的发出时间，要在婚礼举办前的一个月至半个月之前。发得太早，对方容易忘记；发得太迟，不利于对方合理安排自己的出行时间。

如果是电子请柬，需在婚礼前 3~5 天的时候，再打电话确认一下，以防对方忘记。

第 32 堂课
恭俭贤淑助夫旺夫：家庭礼仪

世间没有完美如诗的家庭关系，一切皆是宽容与爱的力量。

——Carmen

家庭礼仪是人们在长期生活中用信息交流、用思想沟通以及联络情感的行为准则与礼仪的总称。一个幸福的家庭一定有较好的礼仪，夫妻间只有相敬如宾，将礼仪放在首位，才是一辈子的幸福。对于长辈与亲人要谦恭有礼，才能家道兴旺。所以，家庭礼仪是实现幸福的基础，是各成员间关系和谐的调节剂，也有利于社会的安定。

家庭礼仪的特点

家庭礼仪是以血缘关系为基础的，因为它主要体现在家庭成员之间，而这一关系是社会普遍的关系——血缘，它以情感为核心。家庭礼仪的运用与形成要从血缘关系出发。

家庭礼仪以联络情感为目的，它并不是个人形象的塑造，而是经过各种习惯形成了礼节，并进一步地沟通情感。我们常说的亲戚就是强调亲友间的情感是以血缘为基础，需要礼仪来巩固与维持。在社会中，婚嫁、乔迁、生日等特殊的日子就是对于礼仪的传播，也是人们体会与享受这一礼仪并增加感情的方式。

家庭礼仪还存在着相互关心的原则，要衡量一种行为或一件事情是不是合乎家庭礼仪的要求，分析一下双方间的关心成分就可以知道。真诚的祝福、热情的帮助就是礼仪的本意。

家庭礼仪也受太多因素的影响，一些家庭活动的礼仪也会随着社会的变化而变化。从封建社会的繁文婚礼到如今的集体、旅游等婚礼的程序等，这些都是变化的实例，但是有一点是可以评判的，那就是它是否会对社会产生一定的效益。

家庭礼仪还包含有称谓礼仪，它紧紧关联着家庭成员间的交往，这一礼仪的重点在于它的规范性与礼貌性。应酬与待客的礼仪是一种行为准则，它制约着双方都应遵守的规范与规则。这一礼仪主要体现在家庭的生活方面，也是主要的礼仪范畴，它与社交礼节与个人礼仪是密切相关的。

日常生活的家庭礼仪

一个家庭中如果不讲究礼仪，很容易就会引起摩擦与矛盾，时间一长就会影响到相互间的情感，出现一系列的家庭内部矛盾。

回到家庭当中，是你离开职位的私人时间，家庭礼仪主要是对于家族成员的尊重，这样避免了尴尬的气氛，也给人以精神上的满足感。家庭成员间也应有感激的情绪表达，对亲人的关心可以用“谢谢”，让对方感到快乐，更加活跃气氛，也保护了对方的自尊心，避免了家庭矛盾的产生。但是，家庭成员间的客套与社会生活中的客套应区别开。

家庭的环境也是文明礼仪的一种，一个整洁的家庭给人愉悦的感觉，也体现出女主人的勤劳与个人品位。

夫妻之间的相处应以平等、尊重、宽容与关心为原则，尊重对方的爱好、性格、隐私及人格，让对方感到自我的存在价值与意义，关心他的事业与前途，在日常细微生活中也要关心他的个人生活，如嘘寒问暖。宽容地对待对方，因为每一个人都不是完美的，作为夫妻更应该包容对方的缺点，在遇到矛盾时要做到必要的妥协。

家中有老人或行动不便的长辈应定期到其房中探望，与他们聊天并加以慰问。在离开家时应与家人相告，回来时也应该报告一声，不要让长辈担心。切忌在家中大声喧哗，如果在自己的屋里与朋友谈话，要记得关上房门，不要影响家里其他人的休息或工作。

不论在哪里，要进入别人的房间应先敲门，经过允许后再进入。对熟悉的朋友可直接让座，对于远亲应请上座。兄弟姐妹来时也要起身表示尊敬，若是长辈来时应微躬身，让长辈先坐自己再坐下。

出门时，应衣冠整洁，保持礼仪姿态。

人际交往礼仪

家里有客来访，你应学会待客礼仪。在听到有客人敲门或有门铃响时，要在最短的时间内给予答应，开门见到客人后应对其说“请进”。迎进客人后，要热情地邀请其坐下，此时家中一定要干净整齐，不要显得凌乱，这是对客人的尊重。如果客人来得突然，没有时间收拾房间，应向客人致歉。如果家中有其他成员在，要给客人介绍认识。客人要离开时，应适当地挽留，若其坚持回去也不要勉强。在告别时，应将客人送到大门外，告别时应说“慢走”或“再见”。若在吃饭时来客人，应热情地邀请他一同进餐，待用餐结束后应立即奉茶以示礼待。如果客人来时你正有事情不能陪同，应先打招呼致歉，并安排家属来陪同，再去做自己的事。

在聚餐中，多人坐一张桌子是常有的事，这时要让老者或长辈坐在上座，然后再按辈分或年龄依次排列而坐，如果自己是今天的东道主，就应该坐在末位上。

优雅Tips：家庭聚会礼仪

家族中有聚会时，要着正装并整洁有度，把家里收拾得干干净净的。更不要随意地出门，一定要等待客人来到。客人到来，热情迎接，作为主人，应在前引路，而客人紧跟在后。将客人所带物品安放妥当，并尽量动作轻些，不要打扰其他的家人。落座时要请客人上座，自己坐客位，客人坐下后自己再坐下。起席时，也应是客人先站起后主人才能站起来，并送客人出门。

家族聚会中，可能会有一些人互相并不认识，你作为女主人应主动地为他们相互介绍，并以礼让座，后来的客人要在先来的客人坐下后，自己才能就座。

如果到他人家中聚会，主人亲自奉茶，你需双手接过并点头示意。奉茶的顺序应是先老后少，或先予陌生人再奉熟悉的人。

如果只有两人在谈话时有客来，要主动地站起来，把座位让出来，自己到一旁的客位上，待来客坐下后自己再坐下。对于客人赠礼一事，应礼貌相待。递接物品时要用双手拿稳并表示感谢，对于长辈或老师所送的礼物，不要推辞。

在某些节日里，一些亲朋好友都会相互拜访，馈赠礼品，而且每家都要走到，还要把礼物送到。晚辈会主动到长辈家去拜访或问安，在路上也会遇到认识的人，也应行礼以示尊敬。

第 33 堂课
东方女性的国际风范：外事礼仪

与时代链接，做智慧女性。

——Carmen

外事礼仪是在长期的国际往来中形成的一种规范的礼仪，也是人们参与国际交往时必须遵守的惯例，它强调了技巧性与规范性。

外事迎送

外事的接待与迎送不同于普通的交往活动，它代表着我国接待的水准，意味着双边关系的发展，也暗示着对此次事件的重视程度，同时也关乎外方对于此次接待的印象。所以，接待与被接待，在外事事件中均被视为礼仪大事。

★应掌握外方的具体情况，以保证基本的迎送工作。这些具体的详情包括主宾的个人简历与生活习性以及政治倾向等，还包括人数、

性别等。

在外方来访前，要制订一个访问计划，对其访问的目的、方针等有所了解。还要掌握来宾提出的具体要求以及我方提出的要求，并认真听取其他来宾的意见与建议。

对于来宾的来去时间要有所掌握，避免出现重大的差错，也要对我方的要求有个全面的了解。了解接待的方针、具体的意图、礼宾的规格和次序、操作的重点和相关的预案。应密切关注他方的一切反映，这里指的是官方、民间及媒体的反映。

★要确定时间与空间。在正式接待中，宾主双方对迎来送往的时间和空间特别重视。它既限定了活动的范围，又直接地影响着迎送的效果。迎送的时间要双方商定，达成一致后再确定。对时间的约定要详尽而精确，对于每次活动要规定起始与终止的时间，也就是必须限定活动的具体时间长度。对于安排与执行上应留有一定的余地，在具体执行任务时应提前到场而最后离场，发生特殊情况时应能随机行事。

在具体组织迎送活动中，要养成再度确认相关时间的好习惯。如在来宾正式出发前可再度确认时间；在来宾将要抵达前可再度确认时间；在迎送时间稍有调整后可再度确认时间。要严格地遵守时间，对于正式的迎送来宾的具体时间应分秒不差地执行，不允许有任何迟到或早退的情况发生，更不可擅自改动双方已商定好的活动时间。对于必要的时间调整应报批，并且及时向来宾通报。

迎送的空间也应有规范性，这里的空间是指具体的迎送地点。一般由主方来决定迎送的空间，被接待方不必考虑其他的问题，可以只进行通报。迎送的地点应开阔，便于活动的进行，又可提升迎送的档次，要把此项作为重点对待。

为了给对方留下好的迎送印象，应选择良好的环境，要考虑到活动现场的具体环境，还要考虑到周边环境的好与坏。

在外事接待中，迎送来宾的地点按情况的不同而有所区别。如在重要的或正式的迎送中，通常于机场、车站或港口进行。迎送异国的来宾，一般会在他们暂住的地点进行。对于本地或暂居于本地的宾客，一般在东道主的办公地点进行迎送。迎接重要来宾时，多在正规的礼宾场所进行迎送活动。对于外交来宾的迎送，要具有相对的稳定性，这样利于工作人员的熟悉与操作，更不会让来宾对地点的不断更换产生评论。

Carmen魅力说：要强调在条件允许下，接待外方宾客应避免在同时间、同地点进行迎送活动，以免令外方相互攀比。

对于外事的迎送，我们还应从大局着想，注重细节，防止因小失大。在具体的活动中，应对气象、交通与安全三大方面进行细节的高度关注。

外事的重大活动均有必要规定程序，届时循序而行，特别是外事的迎送形式更应如此。每一名迎送的工作人员，均应熟知相关的程序，它包括了程序的制定、规范、简化与执行相关的问题。

会见、会谈礼仪

会晤是双方均不可或缺的一项，这一活动一般不会安排双方对于实质性问题的切磋，但能直接反映双方关系的现实情况。在外宾的接待中，重点关注宾主双方的会谈与合影的礼仪，作为历史记录，会晤时双方会合影留作纪念绝不是一般意义的拍照。应提前做好充分的准备，确定好时间，提前将场地布置并备好所用器材，而这一环节的具体操作与规范的礼仪理应掌握。

会晤的形式：一般分双边与多边会晤，双边即是仅一方来宾，而多边则为两方或两方以上进行会晤。双边是较为正式的会晤，一般除有特殊情况进行多边会晤外，其他均以双边为主。外事的会晤一般以会见形式与对等的原则进行，同时也会安排一些地位与身份高级的人员接见来宾。在国际交往中，会见被视为给予来宾不可或缺的礼遇。

正式介绍：用最简短的时间进行介绍，递名片并用正规的形式来介绍自己。对于第三者的介绍应注意身份的讲究，依先主后宾的顺序或职务高到低的顺序，或长辈到晚辈的顺序，也可以先男士后女士的顺序进行介绍。

Carmen魅力说：作为外事活动的合影，只能作为资料或纪念，不宜用于商业活动。如需公开发表，也应得到上级或相关部门的批准。

参观浏览：作为外事人员，对于观光游览应讲究社会公德，对于必要的礼仪应遵守。首先以休闲装备为主，不必太过拘谨，要注意与轻松的气氛相协调，更给自己带来活动的便利。应化淡妆，如有需要可以少用一些饰物。若进行有组织的观光游览，应着正规的装束，不能与普通的游览相混淆。

在与人相处时，应关心照顾同伴，多替他们着想，这体现着一个人的教养。在与他人打交道时，也应注意礼节，如问路、休息或拍照时，都应遵循礼仪规范。

在观光美景的同时，别忘记要爱护一切公物，更要注意安全。对于个人与公共的文明礼仪也应有所体现，如环境卫生保护的问题，环境噪声污染等的维护。

优雅Tips：参加外事活动应注意的个人礼仪

★服饰的讲究

要求朴素、整洁且大方。女性可以穿旗袍、西装或连衣裙，对着装并没有固定的要求。如果陪同外宾参观节目，女性应以西装或连衣裙为主。参加外宾的联欢会等，可以随意一些。总之应随场合的不同，选择适当的服饰，但是要注意礼仪风俗。

★举止应端庄

以自然大方、端庄稳重为原则。坐姿要正确，走路要轻，目光前视，不可插手，更不可左右地观望。遇急事可加快脚步，但是不可慌乱奔跑。在公共场合不可喧哗，要保持安静。对于参加仪式或演出活动时，要自觉地保持肃静。

★谈话要诚恳、和蔼，表达应得体

谈话内容不要涉及不愉快的话题，不打听对方的隐私。不随意批判他人，不论内政，不讥笑与讽刺他人，更不要随意议论宗教问题。在对方讲话时不要随意打断，应耐心倾听。对方提到的不便于谈论的问题，应巧妙地转移话题，不轻易表态。有急事需离开时，要向对方打招呼并致歉。

附：礼仪课外辅导

中国传统茶道礼仪——优雅的智慧

我国是世界茶文化的发源地，有着悠久的种茶历史，又有着严格的敬茶礼节以及奇特的饮茶风俗。不管在商务礼仪中，还是在日常生活中，茶道对女性的气质都有着深刻的影响。

《红楼梦》中的妙玉，气质如兰，又深谙茶理。“栊翠庵妙玉沏茶”这一回，贾母等人在栊翠庵落座后，只见妙玉捧过来一个海棠花式样的雕漆填金“云龙献寿”图案的小茶盘，里面放着一个成窑的五彩小盖钟，这珍瓷自然是给贾母用的，其他人用的是官窑的普通盖碗。

贾母说：“我不吃六安茶。”妙玉嫣然一笑，说道：“知道的，这是老君眉。”“老君眉”是个吉祥词，寓有长寿之意。可见妙玉的这道“老君眉”有祝愿贾母“万寿无疆”的意味，贾母自然甚是喜爱。贾母接过小茶碗，又问用的是什么水。“是去年存下的雨水”，想必这定是别有一番意境吧！

妙玉另泡了一壶茶，请黛玉、宝钗、宝玉品茗。她拿出两个杯子，一个像小葫芦，旁边有一个耳朵，上面刻着两行字："晋王恺珍玩""宋元丰五年四月眉山苏轼见于秘府"，这是晋代富翁王恺的宝贝，也是大文豪苏轼的收藏品。妙玉倒满了茶，递给了宝钗。另一个杯子像碗，是犀牛角做的，叫"点犀杯"，此名字应是借了李商隐的"心有灵犀一点通"的意思，妙玉把这杯递给了黛玉。可见妙玉给不同的人用不同的杯子也是一种智慧。她给宝玉一个用整个竹根雕成的特大杯子，上面还雕刻着盘旋飞舞的龙。"就剩了这一个杯子了，你能喝这样一大杯吗？"宝玉忙说："能喝，能喝。""你虽然能喝，可是把茶糟蹋了。一杯是品茶，两杯是解渴的蠢物，三杯就是饮牛了。"

可见，茶需"品"，"品"即鉴赏玩味。品茗，不仅是雅趣，品法更是讲究，除茶具、茶艺不说，单一个饮，要像饮醇酒一般一点一滴地细品，这样才有"茶香自向舌端生""一日不见心生尘"的意境。妙玉这壶茶是用陈年梅花上的雪水来泡的，古代的雨水和雪水都可以用来泡茶，自是"天泉"水贵。苏轼的诗中曾说："从来佳茗似佳人。"他将好茶比作让人一见倾心的绝代美人，正好比妙玉这优雅与智慧的东方女性，志趣高雅脱俗，似潺潺细水，空灵动人！

茶道，"道"寓于泡茶、饮茶之中，品茗则贵在"得味""得韵""得道"。得味，需"三看""三闻""三品""三回味"。三看：一看干茶的外观形状，即"看茶相"；二看汤色；三看叶底，即仔细观察冲泡后的茶渣。三闻：又称为"鼻品"。一闻茶香的纯度；二闻茶的本香；三闻香气的持久性。三品：又称为"口品"。一品"火功"，即品杀青和烘干时掌握温度和时间的水平；二品滋味；三品韵味。三回味：也称为"心品"，如果觉得这道茶满口生津，喉底回味甘爽，心旷神怡，那这道定是你的

“茶”了。

得韵，指茶的韵味，有韵味的茶能够使人从生活的琐碎事务中脱离出来，全身心享受品茶的乐趣。从泡茶、品茶的过程中品味人生的真谛，不断剖析自己；在茶的清香之中，体味生活的美好，从而不断地完善自己，最终超越自己。

得道，是茶道中的最高境界，它包含了“和、静、怡、真”四境。和：陆羽说“和为五行调和”，“不过亦无不及之和”，我说和如气，万物生发之根，和如知己，不易得且不易为，所以为贵。静：茶入公道杯，水流有声，思想入无声之境。如庄子所言，静乃天地之鉴，万物之镜。静正是一个照见本性、本心的过程。静而能思，方觉已之过，知过而再入静，方为禅定。怡：愉悦、随性而为怡，静而后怡。怡为抚弦之手，可使心韵流畅，使思想入清明之境。真：如梅风傲雪，兰气空幽，竹生有节，菊之孤标，皆是性情之真，真我之真。

茶道起源于中国，是饮茶之道和饮茶修道的统一，也是一种我国历史文化的艺术创作。这种传统艺术给中国女性的优雅气质与智慧修养带来了深远的影响，从苏轼的“从来佳茗似佳人”到《红楼梦》中对妙玉沏茶的描写，皆是对这种影响的诠释，这些描绘完美地体现了东方女性的雅趣与韵味。忙碌的生活，容易让我们的思想处于一种机械的状态，静止的精神世界使女性失去了灵性与创造力。当我们习用茶道，会发现人世间的浮浮沉沉、喜怒哀乐原来都蕴含在这一道茶中，品茶的同时也必定能参透些许人生的真谛！所谓“和静怡真，茶道养兴”，茶道修炼的正是女性的一种心境、一种优雅与智慧、一种气质与志趣。

优雅Tips：茶道礼仪

★酒满敬人，茶满欺人

酒是冷的，客人接来时不会烫手，而茶是热的，茶满时杯子会很热，容易烫到客人的手，若不小心因受烫导致茶杯掉下打破，会让客人很尴尬。

★先尊后卑，先老后少

奉茶给对方时要说声“请喝茶”，对方回以“莫拘礼”“莫客气”“谢谢”。如果是较多人的场合，杯不便收回，放在各人面前桌上。在第一次斟茶时，要先尊老后卑幼，第二遍时可从左到右地按序斟上去。

接受别人斟茶时，要有回敬反应，即行扣指礼，右手食指和中指轻轻弯曲轻扣桌面两下。

★先客后主，司炉最末

在敬茶时除了论资排辈、按步就方之外，还需要先敬客人再敬自家人。全场的人都喝过茶之后，司炉（煮茶、泡茶者）才可以饮喝，否则就是对客人不敬，叫“蛮主欺客”“待人不恭”。

★强宾压主，响杯擦盘

客人喝茶提品茗杯时，不能任意往茶盘沿上擦，茶喝完放杯要轻，不能让杯发出声响，否则礼仪上会认为是“强宾压主”或“有意挑衅”。

★喝茶皱眉，表示嫌弃

客人喝茶时不能皱眉，主人会认为你嫌弃自己茶不好，不合口味。

★头冲脚惜，二冲茶叶

主人冲茶时，头冲必须冲后倒掉，我们常称为洗茶，但也有特殊情况：中国六大茶类（红茶、绿茶、白茶、黑茶、黄茶、青茶）中绿茶与黄茶在冲泡时不洗茶。

★新客换茶

宾主喝茶时，如有新客加入，主人要表示欢迎，立即换新茶冲泡，否则会被认为“慢客”，“待之不恭”。换茶叶之后要新客先饮，如新客一再推却叫“却之不恭”。

★暗下逐客令

主人热情好客，每以浓茶待人，但有时因自己工作关系，饮茶时间长会耽误工作或是与客人话不投机，客人夜访影响到自己睡眠，茶汤无味，主人如故意不换茶叶，客人就要察觉到主人是在“暗下逐客令”，应适时起身告辞，不要自讨没趣。

★无茶色

主人待茶，茶水从浓到淡，数冲之后便要更换茶叶，若不更换茶叶会被对方认为“无茶色”。“无茶色”的意思有二，一是茶已无色还在冲，是对客人冷淡，不尽地主之谊；二是主人对客人不恭，办事不认真。

中国茶文化从神农氏起至今已有几千年的历史，茶文化与礼仪在各个朝代都有进步与发展，若想成为一个优雅的待茶女子，还需花时间用心研学才是。

中国传统花道礼仪——修身养性

插花在宋代便是民间社交的礼仪，欧阳修的《洛阳牡丹记》中有说：“洛阳之俗，大抵好花，春时，城中无贵贱，皆插花。虽负担者亦然。”中国传统插花富有独特的宇宙观和审美情趣，中国人认为万物皆有灵性，因而常把无语无义的花草根据其生活习性，赋予了人的感情和生命力。

中式花道是由古代插花艺术演变而来，萌芽于春秋战国时期，距今已有3000多年。中国的花道将佛教的无我与禅空灵融合在插花艺术当中，形成了具有中国古典文化特色的诗意花道。

那些喜欢在家里办聚会的精致女王，餐桌上怎么少得了鲜花的点缀？下面这件《女王的盛宴》插花作品教给大家，亲自去购买花材，开始准备你丰盛的宴会吧！

花材：

唐菖蒲（不同颜色或相同颜色）5枝

花语：用心、福禄、富贵、节节高升，中国人认为剑兰如钟馗佩戴的宝剑，可以挡煞、辟邪。

红玫瑰4枝

花语：我爱你、热恋，希望与你泛起激情的爱。

八角金盘3枝

花语：财富。

散尾葵2枝

花语：如此优美动人。

黄莺5枝

花语：光辉、非常出色。

非洲菊4枝

花语：坚强、奉献、友谊。

紫色桔梗2枝

花语：永恒的爱。

《女王的盛宴》制作步骤

1. 花泥浸足水，用美工刀切成适宜大小、高度，放在圆盘式花器中。

2. 用 2 枝散尾葵与 5 枝唐菖蒲构架定位。

（1）将散尾葵背朝上，取合适长度 2 枝，沿花器上方分别插入花泥左右两侧。

（2）第 1 枝唐菖蒲取散尾葵 2/3 长度，右水平方向插入花泥 3 厘米。

（3）第 2 枝唐菖蒲取第 1 枝的 2/3 长度，贴近第 1 枝在右侧后上方插入。

（4）第 3 枝唐菖蒲取第 1 枝的 3/4 左右长度，在左侧散尾葵上方水平方向插入。

（5）第 4 枝唐菖蒲取第 3 枝的 2/3 长度，贴近第 3 枝在左侧后上方插入。

（6）第5枝唐菖蒲取第1枝的1/2长度，向右后方略倾斜插入花泥。

3. 块状花材定位

（1）在第3枝唐菖蒲和第5枝唐菖蒲的中心位置略向前插入成对角的2枝八角金盘。

（2）在第5支唐菖蒲后侧插入第3枝八角金盘，遮盖后部花泥花器露出部位。

4. 鲜花定位

（1）在八角金盘中心处插入大朵红玫瑰第1枝，略下插入大朵红玫瑰第2枝，左下方插入非洲菊1枝，右上方插入非洲菊1枝。

（2）在右侧非洲菊处，右侧方略下插入第3枝小朵红玫瑰。

（3）在第1枝红玫瑰左上方侧插入第4枝大朵红玫瑰。

（4）在左侧八角金盘后主插入非洲菊1枝，右后侧再插入1枝。

（5）以黄莺填充，把紫洋桔梗的分枝剪开，分别在空隙处进行色彩点缀。

《女王的盛宴》作品完成！

优雅Tips：花道艺术

花道既不是单纯的各种花材的组合，也不是简单的造型，一定是以形神兼备为主旨，它以情动人，融生活、知识、艺术为一体的艺术创作活动。每件插花作品都应有自己的丰富内涵，或热情欢乐，或典雅秀丽，或雍容华贵，这些都是作者本身品质与精神风貌的表现。用心插出一件好的作品，能帮助女士净化心灵，陶冶情操，真正起到修身养性的作用。

国际骑马礼仪——贵族风范

马术是一项国际性的绅士运动，驾驭马术能使人身心愉悦，会让人充满自信与希望。越来越多的女士渴望成为英姿飒爽的骑手，喜欢骑马的女子身上会自然地流露出一种高贵气质。对于优雅的女士来说，想要表现出骑乘艺术的最高境界，国际骑马礼仪是必须掌握的。

骑马的着装

1. 骑马首先需要注意安全，防止从马上摔下，所以不要穿登山鞋、旅游鞋这些有防滑功能的鞋，以免遇到危险时脚无法脱开脚蹬，应该穿有 3 厘米左右鞋跟且鞋底较平滑的高筒马靴。

2. 骑马不宜戴眼镜，以防落马时受到伤害。

3. 骑马需戴头盔，头盔可以起到有效的保护作用。

4. 穿面料较柔软的紧身长裤，戴好手套、护腿等防护工具。

5. 女士头上的金属饰品要在骑马前取下来，以免出现意外划伤头部。

骑马规则

1. 上马前、下马后的时间里，务必要抓好缰绳，在调整肚带或脚镫时，两只手要同时工作，将缰绳勾在手臂上，以免马奔离。

2. 下马时，请先将两脚脱离脚镫再下马，特别是左脚。

3. 骑乘时，如遇两匹坐骑面对面交会，应该选择自右侧通过。

骑马注意事项

1. 不要站在马的后方和侧后方，防止被踢到。

2. 上马前需先让教官或是马主检查肚带是否系紧，系紧后才可上马。肚带如不系紧容易转鞍，非常危险。骑行中每隔一段时间都要检查一下肚带的松紧程度。

3. 女士在第一次骑马时，要选择鞍上带铁环的马，手紧握住铁环能帮助你保持平衡。

4. 正确的骑马姿势：在马小走时，脚前半部踩镫，上身直立，坐稳马鞍。在马快走和快跑时，小腿、膝盖和大腿内侧用力夹马，身体前倾，臀部和马鞍似触非触，跟随马的跑动节奏起伏。

5. 上马时脚尖内镫，下马时先左脚脚尖内镫，松开右脚再下马，这样即使马受惊或拒乘而跑，也不至于摔跤。如果全脚套在镫内，就会拖镫，非常危险。

6. 不要在林区边缘赛马和快跑，一旦马受惊或驾驭失控，就会窜入树林，情形很危险。

7. 马容易眼生，不要在马上脱换衣服，特别是鲜艳颜色的服装，避免使马受惊。

8. 还没有骑马经验的女士在骑马时容易磨伤小腿肚、大腿内侧和臀部，应尽量穿马靴和马裤，或用护膝绑腿等替代。

9. 观看马术比赛时，作为观众要保持安静，配合比赛中的选手和马匹，不能高声喧哗，不可以像看球赛一样摇摆任何旗帜和饰品。

优雅Tips：英式骑姿与美式骑姿

英式风格的休闲骑乘，要通过正规的训练，骑乘场所为正规的场地。服装上需要正式的装束：骑士帽、穿马裤、英式马靴或训练靴。马鞭常插在小腿外侧的马靴中，女士端坐在马背上，保持贵族姿态。

在马术表演中，盛装舞步骑手头戴黑色阔檐礼帽，身着燕尾服，脚穿高筒马靴，伴着悠扬舒缓的旋律，驾驭马匹在规定的 12 分钟内表演各种步伐，连贯地完成动作。骑手要与马融为一体，同时展现力与美、张力与韵律、协调与奔放，人和马都会显得气定神闲、风度翩翩，具有很强的观赏性。

美式风格的休闲骑乘，通常以越野骑乘的形式出现。着装随意舒适，可以穿牛仔装，戴牛仔帽或是棒球帽，可穿牛仔靴或普通靴鞋配护腿。骑乘姿态奔放流畅，不受限制。

美国西部骑乘可一只手握缰，另一只手拿鞭或者握住长缰抽马，双手缰或单手缰可以自由选择。马鞍的形状和脚蹬与英式不同，上马后身体会自然向后，双脚向前蹬，而英式综合鞍的脚蹬可以让后脚跟与躯干成直线。